KB174873

로스쿨생을 위한

리걸
마인드

L
e
g
a
l

M
i
n
d

리걸

로스쿨생을 위한

마인드

L
e
g
a
l

M
i
n
d

유재원 지음

이담
Books

CONTENTS

|프롤로그| 리걸마인드는 있다!   06

제1장 리걸마인드를 위한 워밍업

01. 법학자를 기억하며   12

　　권리 위에 잠자는 자는 그 권리를 보호할 가치가 없다.
　　– 독일의 법사상가 루돌프 폰 예링

02. 역사 속의 법학   21

　　안중근은 일본의 잘못된 재판으로 죽었다.

03. 법조인의 문학 두드림   35

　　『호반』과 『대학시절』로 기억되는 법조 문호文豪 테오도어 슈토름의
　　풋풋한 호심好心

04. 리걸마인드를 위한 사회과학서 한 권   47

　　『열린사회와 그 적들』, 합리적 자유주의를 희구한
　　칼 포퍼의 고언苦言

05. 로스쿨제도의 양 측면, 기대와 그림자   61

　　로스쿨과 공익·인권법의 상승작용

제2장 리걸마인드의 실전 활용

01. 검찰의 꽃, 특수부를 들여다보다   *76*
동경지검 특수부,
사회 정의를 지키는 최후 보루의 아슬아슬한 위기들

02. 국민참여형사재판의 실제 운용례   *91*
국민참여재판 담당변호인 참여기

03. 형사 변론요지서의 새로운 모델   *120*
한 사람을 위한 두 개의 변론요지서

04. 헌법소원심판청구의 실례   *133*
치료감호법 제4조 위헌소원사건(헌법재판소 2008헌마622)

05. 행정부 변호사의 법제업무   *170*
법치행정을 위한 행정부의 일몰제^{Sunset law} 시행

부록

유 변호사의 사법시험 합격기   *181*

리걸마인드는 있다!

미국의 법학자이자 법관이었던 벤자민 카도조 Benjamin Nathan Cardozo, 1870~1938는 "정의의 결과가 사실에 맞지 않으면 정의가 나쁘기 때문이다. 그러므로 우리는 정의가 널리 현실을 설명할 수 있는 곳까지 이것을 확장할 필요가 있다"라는 유명한 정의론을 남겼다. 스스로를 '평범한 뚜벅이'라고 평한 이 위대한 법관은 '용기, 충실, 근면'을 좌우명으로 삼았다.

이 책은 필자가 지난 7년간 법조인으로 생활해 오며 틈틈이 법조의 실무를 경험하고 법학과 인근학문에 대한 관련성을 고민해 온 소중한 기록이다. 사법연수원지 「미네르바」와 대한법률구조공단지 「법률구조」에 게재된 글도 있고, 법률지 월간 『고시계考試界』에 연재해 온 글도 있다. 어느덧 100여 개의 글이 모였고 그중 나름의 평가를 받았던 글을 가려 로스쿨과 법학 일반에 걸쳐 그 기본소양이 될 것들을 모았다.

법조 초년생인 필자는 사법연수생과 공익법무관, 행정사무관을 거쳐 앞으로 진로가 어디로 정해질 것인지 알 수 없다. 하지만 필자에게 중요한 것은 더 높은 '지위'가 아니라 법을 통해 세상에 정의가 자리 잡도록 해야 한다는 '신념'이었다. 이런 점에서 필자는 '옆막이 안대를 씌운 경주마'와 같은 답답한 법조인을 꿈꾸지는 않았다. 앞으로의 세상은 문화적인 인프라가 풍부해질 것이고, 이러한 세상에 법조인들도 '정의'라는 이상을 위해 다방면의 사회적 '요구'와 문화적인 '현실'을 설명할 수 있도록 나날이 소양을 키우고 시야를 확장할 필요가 있다. 이 책은 법학法學과 인접 학문의 소양을 통해 법조에 '새로운 마인드'를 제시하고 싶은 생각에서 비롯했다. 물론 필자의 이러한 시작은 비록 미약할지 모르나 앞으로 많은 법조인분들께서 동참해 주시리라 믿는다.

로마 유스티니아누스 황제의 『학설휘찬』에는 '법은 선량함과 공평함의 기술不良의 技術'이라는 말이 있다. '공평함'이 법조직역의 전부全部라고 단언하던 세대는 점차 세상의 변화를 따라갈 수 없을지 모른다. 이제 현시대의 법조인들에게 로마인들은 시대를 건너 '법을 통해 공평함뿐만 아니라 최고의 좋은 결과를 도출하라'는 과제를 남겨 주었다. 이 책은 지선至善을 도출할 수 있는 역할을 예비법조인의 '리걸마인드(법학 연구와 법조실무 경험을 통해 얻은 풍부한 법적 소양)'에 기대하고 있는 것이다.

필자는 2003년도에 합격기를 게재하면서 "리걸마인드는 없다"라는 단언적 표현을 썼다. 그때 언급한 "리걸마인드는 없다"라는 말은 당시 사법시험을 준비하는 고시생들이 '리걸마인드'를 운운하며 공부방법론만을 강조하는 나태하고 그릇된 태도를 꼬집은 것이다. 법대에 들어와 법 공부를 시작하면서부터 배우는 '잘못된 리걸마인드(우월감)'는 법조의 실무를 익혀 가기에 불필요한 오만함으로 보인다. 진정한 '리걸마인드'는 법전문가 집단의 우월적인 사고를 의미하는 것이 아니다.

이처럼 리걸마인드의 시작은 법학을 접하면서 법학이 최고의 학문이라거나 우월하다는 생각을 버리는 것이다. 이제 법학과 사회학, 인문학에 대한 소양을 쌓지 않고 대충 짐작해서 결론을 도출하려는 편의주의적 사고는 선진 법조를 지향하는 대한민국 법조인에게는 걸맞지 않는다. 이제 법학도나 로스쿨생들은 진정한 '리걸마인드'를 익혀 가며 법학과 다른 학문적 소양을 쌓고 법조의 실무경험을 쌓아야 할 필요가 있다. 예비법조인 누구나 법조인으로 성장하게 되면 타인의 인생에 있어 가장 중요한 결정을 내릴 순간을 맞이하게 된다는 점을 잊어서는 안 된다.

리걸마인드 Legal Mind

이것은 로마법의 실무적 해결법과 독일의 학제적 연구론 그리고 미국 하버드로스쿨의 랭들 메쏘드 Langdell method 를 두루 관통하는 법조인의 기본 사고체계이다. 학문적인 자세로 연구하는 실무자와 열린 사고로 법조실무를 두루 경험하는 실무자에게서 공통적으로 발견되는 리걸마인드는 법학도에게 필요하다고 하겠다. 이제 이 책은 새 시대의 법학도들께 "리걸마인드라는 것이 존재한다. 그리고 세상의 공익을 위해 리걸마인드는 필요하다"는 주장을 펼칠 것이며 필자가 직접 경험한 다양한 사례를 통해 증명할 것이다.

앞으로도 걸어가야 할 길이 많다. 선진사회에 가까워질수록 대한민국에 일조하는 법조인들이 더욱 많아지리라 기대한다. '리걸마인드'의 정립이 필요한 예비 법조인인 로스쿨생들과 법학에 많은 관심을 보여주시는 세상의 현자들께 이 책을 바친다.

어머니는 가장 위대한 스승이시다. 이 위대한 스승은 '어떤 경우라도 사람을 미워하지 말라', '많이 배운 바를 다른 사람들에게 꼭 전해 주어라'라며 깊은 애정으로 사람을 대하는 법을 가르쳐 주셨다. 이 자리를 통해 머리 숙여 감사드린다. 한 사람의 현명한 아내 오은주에게도 감사를 전한다.

01. 법학자를 기억하며

권리 위에 잠자는 자는
그 권리를 보호할 가치가 없다.

– 독일의 법사상가 루돌프 폰 예링 –

생각의 실마리

1992년 초, 우리 대법원은 주목할 만한 판시를 하였다. 대법원은 [대법원1992. 3. 31. 선고, 91다32053(전원합의체)]에서 "시효제도의 존재 이유는 영속된 사실 상태를 존중하고 권리 위에 잠자는 자를 보호하지 않는다는 데 있고 특히 소멸시효에 있어서는 후자의 의미가 강하다"라는 판시를 한 바 있다. 당시 이 판결은 이 문구 하나만으로도 상당한 센세이션을 불러일으켰는데 이 판결이 그만큼의 관심을 불러일으킨 까닭은 바로 "권리 위에 잠자는 자는 그 권리를 보호할 가치가 없다"는 폰 예링의 사상을 그대로 반영한 것이기 때문이었다. 이 판결 이후로 몇몇 학자들은 이 판례문구의 모호성을 지적하며 "권리가 베개인가? 혹은 권리가 침대인가?"라는 식으로 비아냥하는 일도 있었다.

그렇다면 이러한 논의의 장본인이라고 할 수도 있는 루돌프 폰 예링Rudolf von Jhering, 1818~1892은 과연 어떤 인물이었을까. 폰 예링은 우리나라에서 꽤나 지명도가 높은 독일 법학자 중의 한 사람이며, 명저『로마법의 정신』과『권리를 위한 투쟁』을 통해 이익법학 또는 목적법학을 창시한 법학자로 평가받고 있는 인물이다.

폰 예링의 생애와 법사상
그리고 『권리를 위한 투쟁』에 대하여

폰 예링은 독일 하노버의 아우리히에서 변호사의 아들로 태어났으며 점차 성장하면서 자연스레 법학에 관심을 갖게 되었던 것으로 보인다. 그는 당시 명문 법과대학이었던 하이델베르크 대학을 거쳐 괴팅겐, 뮌헨, 베를린 대학에서 법학공부를 이어 나갔고, 베를린 법과대학에서 학위를 받은 후 로마법연구자로 이름을 날렸다. 이러한 예링의 연구 방향은 당시 로마법연구의 거성이었던 폰 사비니Friedrich Carl von Savigny, 1779~1861의 역사법학에 큰 영향을 받은 것으로 생각된다. 그러나 폰 예링은 로마법에 대한 인식에 있어서 사비니를 한 단계 뛰어넘었다. 그는 『로마법의 정신Geist des römischen Rechts, 1852~1865』을 통해 독일법이 로마법의 계수에 있다는 기존의 견해를 존중하면서도 로마법에 대한 막연한 향수를 지향하기보다는 로마법의 정신을 합목적적으로 계수하는 것으로 논의방향을 잡았다. 그는 로마법을 하나의 문화현상으로 파악하고 현실의 법 생활에 주목해야 된다고 보았다. 로마법의 제 현상들(예를 들어 강력한 가부권父權 등)에 대해 그 제도적 실익을 탐구한 점에서 특색이 있다고 하겠다. 그는 '로마법을 통하여 로마법 위로durch das römische Recht, aber über dasselbe hinaus'라는 표어를 내걸고 법과 생활, 이론과 실제, 목적과 경험과의 관계들에 접근했다고 평가받고 있다.

『권리를 위한 투쟁』의 표지
1872년 초판본 이후 130여 년간 전 세계적으로 스테디셀러가 되었다. 사실 이 책은 예링의 강연을 요약·서술한 작은 인쇄물에 불과하였지만 그 후 책으로 출판되면서 오히려 강연보다 더 많은 센세이션을 일으켰다. 마치 E. H. 카의 『역사란 무엇인가What Is History?』처럼 말이다.

폰 예링의 역저『로마법의 정신』에 유명한 구절이 있다. "로마는 세계를 3번에 걸쳐 정복하였다. 하나는 군사력으로, 하나는 종교로, 또 하나는 법을 통하여……." 그는 이런 멋진 구절로써 로마법이 게르만법의 어머니가 되었다는 점을 수준 있게 표현하였던 것이다.

마침내 그는 자신만의 독특한 이론(훗날 이익법학 또는 목적법학으로 명명된다)을 정리하여 두 권의 책으로 저작을 마무리했는데 그것이 바로『권리를 위한 투쟁Der Kampf ums Recht, 1872』과 『법의 목적Der Zweck im Recht, 1877 ~1883』이다. 두 권의 책이 바로 폰 예링의 이익법학 사상을 가장 잘 압축 서술하고 있다고 해도 과언이 아닐 것이다.『법의 목적』이 법철학적인 문제까지 논의하며 보다 심도 있는 논의를 담고 있다면『권리를 위한 투쟁』은 딱딱한 학술도서의 성격보다도 대중적 이해를 돕기 위한 강연서와 비슷한 성격을 가진다. 분량도 많지 않으면서 시의 적절한 예시와 수려한 문장력이 돋보이는 법학의 명저名著라 할 수 있다.

"법이란 무엇인가?"라는 가장 난해하면서도 가장 기본적인 문제에 대해 폰 예링은 '투쟁'이라는 답을 한다. 그러한 투쟁은 막연하고 감정적인 투쟁이 아니라 구체적이고 이성적인 '권리를 위한 투쟁'이 되어야 한다. 권리는 스스로 주장하여 스스로 향유해야 하는 것이며 이로써 전체적인 법질서가 이루어질 수 있다. 만약 자신의 권리를 태만히 하는 경우 법은 그러한 권리를 보호할 가치가 없으며 이러한 권리태만은 제재하는 한편 더 나은 이익을 위해 운용될 수 있는 것이다. 즉 권리 위에 잠자는 자는 그 권리를 보호할 가치가 없게 되는 것이며 이는 사적자치의 인격체가 감내해야 할 당연한 불이익이 되는 것이다.

폰 예링은 이러한 주장을 『권리를 위한 투쟁』이라는 저서를 통해 특히 강조하고 있으며 이 책은 1872년 이후로 줄곧 많은 이들의 관심을 받았다. 이 저작의 서문에서 폰 예링은 이 책의 목적이 "이론적인 면보다는 윤리적이고 실제적인 면을, 법의 학문적인 인식보다는 법감정을 주장하는 용감하고 확고부동한 태도를 촉진하는 데 있다"고 밝힌다. 『권리를 위한 투쟁』은 5문장으로 정리될 수 있다. "첫째, 법의 목적은 평화이며 그것을 위한 수단은 투쟁이다. 둘째, 권리추구자의 권리주장은 그 자신의 인격주장이다. 셋째, 권리를 위한 투쟁은 자기 자신에 대한 권리자의 의무이다. 넷째, 권리주장은 사회공동체에 대한 의무이기도 하다. 다섯째, 권리를 위한 투쟁이익은 사적인 생활뿐만 아니라 국민생활에까지 미친다." 간명하지만 깊은 인상을 남기는 이러한 주장을 통해 기존의 법학계에 충격을 가져다주었음은 당연하다 하겠다.

더 나아가 폰 예링은 이러한 주장을 제시하면서 사비니와 푸크타의 역사법학을 '법학에 있어서의 낭만파'라고 칭하고 그들이 단지 과거에 대한 막연한 향수를 가지고 있다는 점을 예리하게 지적한다. 폰 예링이 보기에 로마의 법적 발전은 로마시민들의 투철한 권리의식에 다름 아니며, 로마의 법학을 연구하는 목적은 바로 로마법전 자체에 있는 것(이후 예링의 추종자들은 이러한 사비니 계열의 로마법연구자들을 '개념' 법학이라고 비판하게 된다)이 아니라 로마시민들의 법의식과 법적 실제를 탐구하는 것이 되어야 한다고 주장한 것이다. 폰 예링은 '권리'라는 개념에 대해서 막연하고 추상적인 설명을 피하고 '법적으로 향유되는 이익'이라고 간단명료하게 그의 사상을 피력했으며 당대는 물론 이후 많은 학자들의 공감을 얻었다.

이 책에서 눈길을 끄는 점은 셰익스피어의 희곡 『베니스의 상인』을 예시로 들며 자신의 주장을 논의한 부분이다. 폰 예링은 이렇게 서술한다. "셰익스피어는 샤일록을 입을 통해 '나는 법률을 요구합니다_{Ich fudere das} Geletz'라고 하여 어떤 법철학자도 더 정확하게 표현할 수 없는 방법으로 객관적 의미에서의 법이 주관적 의미에서의 법에 대해 갖는 참다운 관계와 권리를 위한 투쟁의 참뜻을 나타냈다. 이 몇 마디 말과 함께 사건은 샤일록의 권리주장으로부터 갑자기 베니스의 법률문제로 발전되는 것이다. 그가 이 말을 했을 때 이 연약한 남자의 모습이 얼마나 위풍당당

『베니스의 상인』에서 자신의 권리를 당당히 주장하는 샤일록

했을까."

　교활하며 탐욕스러운 인물로 인식되어 오던 샤일록이라는 극중 인물을 법학자의 시각으로 '권리의식이 투철한 법적 인격체'로 재조명하고 있는 점이 무척 흥미롭다. 그러면서 문학작품에까지도 진지한 태도를 보이는 별난 취향(?)의 폰 예링은 베니스 법원의 판결에 대한 비판적인 평석도 서슴지 않는다. "샤일록은 재판관까지도 본받을 만하게 권리에 대한 철두철미한 신앙이 있었던 것이다. 그럼에도 불구하고 맑은 하늘의 벼락같이 그를 엄습한 재앙(패소판결)은 결국 그로 하여금 한낱 사취당하기 위해 권리를 부여받은 멸시받는 유태인에 불과하다는 산지식을 갖도록 하는 것이다." 이처럼 폰 예링은 자신의 사상에 대한 확신이 뚜렷한 법학자였으며 우리는 성숙한 자유로운 시민사회를 지향하는 그의

가치관을 엿볼 수 있다.

흔히 권리 위에 잠을 자는 태만한 권리자의 권리행사를 저지하거나 박탈한다고 해서 폰 예링의 사상이 전체주의적이라고 생각하면 큰 오해이다. 오히려 폰 예링은 사법에 있어서 사적자치가 완전히 적용되는 법적 이상사회를 그린 것이라 하겠다. 개인이 스스로의 결정하에 한 행위는 스스로 책임을 진다는 사적자치의 일반론과도 상통하는 것이다. 즉 사법의 질서는 개인의 의사·행위를 중심으로 규율되어야 하며 이러한 것을 바탕으로 법질서는 유지될 수 있다는 것이 그의 주된 사상이라고 생각된다.

생각의 마무리

언젠가 민법학자 곽윤직 교수가 독일어 원문으로 인상 깊게 읽은 책 중에서 폰 예링의 『권리를 위한 투쟁』을 꼽았던 것으로 필자는 기억하고 있으며, 소수주주권운동이나 낙선운동 등의 시민운동을 벌였던 박원순 변호사 또한 일간지와의 인터뷰에서 자신의 활동이 모든 사람들의 '권리를 위한 투쟁'으로 평가받기를 바란다고 말한 적이 있다. 그 외에도 폰 예링의 이익법학사상은 법철학에서도 한 테마로 강의되며 우리나라에서 법조계에 있는 분들치고 폰 예링 사상의 몇몇 구절을 모르는 이는 거의 없을 것이다. 앞서 언급한 대법원의 판례도 폰 예링의 이론을 들어 시효제도의 존재의의를 설명하려 애쓴 듯하다. 시효(특히 소멸시효)의 경우 그 권리가 왜 소멸하게 되는지에 관해서는 난해하게 설명될 수도 있지만, 폰 예링의 문구는 마치 이에 대한 해답인 듯 너무나 간단명료하게 그 본질을 시사하고 있는 것이다. 즉 자신의 권리를 일정 기간 행사하지 않은 경우 권리자 스스로 '권리를 위한 투쟁'을 포기한 것이며 이런 경우 전체 법질서는 뒤늦은 권리행사주장을 용납하지 않음으로써 법적 인격체의 자기책임을 엄중히 묻고 나아가 사회 전체의 이익에도 이바지하게 되는 것이라 하겠다.

루돌프 폰 예링. 그는 공리주의의 전통이 없었던 독일에서, 사비니 계열의 현학적이며 학제적인 성향에 제동을 걸면서 과감히 '법의 이익, 법의 목적'을 논한 대담성을 보여 준 학자였다. 그는 법과 현실이 어떻게 조화하여야 하는지에 관한 많은 궁금증을 풀어 주었으며 사법에 있어서 사적자치의 원칙이 어떻게 적용되어야 하는가를 시사한 법학자라 하겠다.

폰 예링이 평소 즐겨 표현하던 문구가 있기에 이를 소개한다.

"자유와 생명을 날마다 쟁취하는 자, 오직 그자만이 자유와 생명에 대한 권리가 있다."

02. 역사 속의 법학

안중근은 일본의 잘못된 재판으로 죽었다.

결국 그는 죽어 돌아오지 못하고

도마[1] 안중근. 그가 죽은 지 100년이 되는 해이다. 순국 전 그는, "내가 죽은 뒤에 나의 뼈를 하얼빈 공원 곁에 묻어 두었다가, 우리나라가 주권을 되찾거든 고국으로 옮겨다오. 나는 천국에 가서도 우리나라의 독립을 위해 힘쓸 것이다. 너희들은 돌아가서 국민 된 의무를 다하며, 마음을 같이하고 힘을 합하여 큰 뜻을 이루도록 일러다오. 대한 독립의 소리가 천국에 들려오면 나는 춤추며 만세를 부를 것이다"라는 유언을 남겼다.[2]

하지만 그 후 100년이 되어도 그의 유해는 아직도 찾을 길이 없고 효창공원으로 돌아올 그의 자리는 아직도 가묘(假墓)로 남아 있다. 1910년 한일합방을 앞둔 일본은 안중근 재판을 예심(豫審) 없이 신속히 진행했고 의병장의 의거를 폄훼하고 일본형법의 일반살인죄라고 하며 극형인 사형을 언도하였다. 그리고 일본정부의 밀지에 따라 안중근의 유해(遺骸)를 철저히 숨겼다고 전해진다. 그는 결국 돌아오지 못했다.[3]

---

1. 성 토마를 기리는 천주교식 세례명이다.
2. 이 유명한 유언은 안 의사 의거의 가치를 설명하는 초등학교 교과서에 등재되어 우리 학생들이 읽고 있다.
3. 충북대 박걸순 교수 등 여러 사학자들은 중국 여순감옥 현지를 찾아 유해발굴사업을 두 차례 벌였으나 아직 유해를 찾지 못하였고 마지막 한 군데 발굴을 남겨 두고 있다. 올해 (2010년)에 다시금 추진될 것으로 보인다.

여순지방법원 안중근 공판[4]의 여러 문제점

1909년 10월 26일 하얼빈역의 총성

천주교 신자이자 계몽운동가로서 그 이름을 높이고 있던 안중근에게 조선, 청, 일본의 3국 동맹(동양평화론)은 앞으로 서양제국주의에 맞설 유일한 대안이었다. 선각자 안중근은 3국의 종주로 일본을 꼽고 있었다. 그 당시 일본은 동양 국가 중에서 서양문물을 첨단으로 흡수하고 청일전쟁·러일전쟁을 승리로 마감하는 등 새로운 동양의 맹주로 떠오르고 있었기에, 서구세력의 동양침략을 막아 주는 방파제가 될 수 있기 때문이었다. 당시 초대 총리대신과 초대 조선통감부 통감을 지낸 이토 히로부미伊藤博文는 일본의 뛰어난 선각자로 일본의 부상을 이끌었던 장본인이었다.

하지만 이토의 생각이 '일본맹주론(동양평화론의 일설)'을 넘어서 '일본제국주의', '조선·청 식민론'으로 빗나가면서 기존의 '동양평화론'과는 거리를 두게 됐다. 일본은 조선의 식민지화를 가속화했으며 조선주권을 말살해 갔다. 더 나아가 중국 또한 일본에는 평화와 협력의 동반자가 아니라 넘치는 일본자본의 새로운 시장이자 풍부한 자원산출지였을 뿐이었다.

---

4. 형사재판을 지칭한다.

1908년 블라디보스토크의 대동공보사에 거점을 둔 안 의사는 '대한 의군 참모중장'으로 국내진공작전에 참가하게 된다. 그러나 이러한 시도는 역사서에 알려진 대로 일본의 대대적인 토벌작전에 밀려 무참히 실패한다. 그때 안중근은 맹주론(평화론)에서 제국주의로 탈바꿈한 일본을 규탄하고 저지할 방법을 모색하게 된다. 그의 입장은 분명했다. 일본의 폭주를 야기한 원흉을 처단하는 것이었다. '애초에 동양의 지식인들을 현혹하여 동양의 평화를 부르짖고 일본, 중국, 조선이 연합하자고 주장한 사람은 누구인가', '식민지로 변해 가는 조선을 만든 사람은 누구인가', '조선식민지론에 나아가 중국까지 집어삼키려는 일본의 폭주 배후에는 누가 있는가.'

그 답의 중심에는 이토 히로부미가 존재했다. 이제 안중근에게 이토 히로부미는 '조선식민지화의 원흉이자 동양평화론의 주적'이었고 안중근은 이토의 처단이 개인의 죽음을 넘어서 일본제국주의에 대한 강한 경고가 될 수 있다고 확신했다.

1909년 초, 안중근은 11명의 동지들과 손가락을 끊어 조선독립을 주창하는 '단지회'를 결성한 후 조선의 독립을 위한 항일의병활동의 맥을 이어 간다. 그들은 일본제국주의의 주요 수뇌부를 제거하는 계획을 세운다. 이토의 만주 방문소식을 들은 안중근은 우덕순, 유동화와 운명의 10월을 맞이한다. 10월 26일 아침, 안중근은 하얼빈 역 플랫폼에 내리는 조그마한 체구의 이토를 향해 권총을 발사하고 이토는 치명적인 3발을 가슴에 맞아 쓰러진다. 청년 안중근의 의거義擧가 실현되는 순간이었다.

의거 직후, 러시아, 중국, 조선, 일본의 신문은 물론 미국, 영국의 유수한 언론사도 이 사건에 관심을 보였다. 31세의 안중근이 목숨을 걸고 이토를 처단한 것에 대해 '테러', '암살', '저격' 등등의 수식이 따라다녔지만 진실을 아는 일부 언론들은 안 의사義士의 '의거'를 추앙하는 여론을 잘 반영하였다.[5]

몇 발의 총성으로 세계는 조선의 한 청년을 주목하게 되었고 일본의 '동양평화론'이 얼마나 모순된 것인지 알게 되었다. 세계의 지성들은 일본제국주의가 동양평화의 탈을 쓰고 있었으며 일본의 독주獨走가 다른 국가들에 얼마나 가혹한 것인지 알게 되었다. 그렇게 이토가 쓰러지고 안중근이 체포되면서 1909년은 유난히 빨리 흘러갔다.

여순지방법원 안 의사義士 공판의 여러 문제점
－재판권·준거법의 문제, 관할의 문제 그리고 행위에 대한 판단

10월 26일 10시 30분, 이토가 처단된 후 안 의사는 당당히 그 자리에 섰다. 몰려드는 일본 헌병들의 고함은 더 이상 들리지 않았다. 그는 그 자리에서 '까레야 우라(대한민국 만세)'를 외치고 이유를 밝힐 만큼 당당

---

5. 당시 중국의 떠오르는 지도자 손문은 "(안중근의) 공은 삼한을 덮고 이름은 만국에 떨치나니, 백세의 삶은 아니나 죽어서 천추에 빛날 것이다'라고 했다.

했다. 이제 세상이 안중근을 주목할 차례였다. 그러나 이때부터 일본은 안중근의 의거를 일개 테러행위로 취급하여 숨기고 일본정부의 형사재판독점을 위해 계략을 꾸민다.

당일 러시아헌병소에 가서 러시아인들에게 조사를 받게 된 안 의사는 얼마 후 일본총영사관으로 인계된다. 음모의 시작이었다.[6] 정치범이자 한국군인[으]이었던 안 의사는 일본인들이 자신을 다시금 옮기려 한다는 것을 알았다.[7] 일본영사관 지하에 수감되어 초췌해진 후 며칠 지나지 않아 밤기차로 먼 길을 호송되었다. 아침이 되어 안 의사는 자신이 '여순[旅]'(중국명 뤼순, 현재 대련 시)'에 와 있다는 것을 알게 되었다. 청에서 러시아가 뺏은 땅을 일본이 점령하고 있는 그곳은 일본의 영토나 마찬가지였다. 왜 그들은 안 의사를 하얼빈으로부터 여순으로 급히 옮겼을까? 이때부터 일본의 계략은 점점 구체화된다.

1909년 안 의사 사건이 보도된 후, 언론에서는 안 의사의 의거가 지난해 샌프란시스코의 스티븐스 암살사건과 유사하게 처리될 수 있을 것으로 예상했다. 러시아 법원에서 러시아법 또는 국제법(만국공법)을 적용받아 '조국의 독립'을 위한 의거라는 점이 고려되면 3년 형 이하로 받

---

6. 일본은 일본인과 동일하게 일본총영사관의 관할로 안중근을 넘겨받으려 했고, 러시아는 이토사망과 관련된 경호책임을 회피하고 일본과의 외교분쟁을 불식하기 위해 순순히 안중근을 넘겼다. 이때부터 안중근은 일본정부의 손에서 왜곡되고 가혹한 수사와 재판을 경험하게 된다.
7. 당시 일본은 러시아 측에 "안중근이 일본 보호국인 조선의 국적을 가지므로 일본총영사관에서 보호한 후 재판을 받게 하여야 한다"는 억지주장을 했으리라 짐작된다.

을 수 있다는 점을 쉽게 예상했던 것이다. 해외 독립운동단체들이나 조선 내부의 여론도 '안중근의 의거 이후 조선 독립 단체가 부흥하며 일본 제국주의의 문제점을 폭로하는 계기가 될 것'이라고 낙관하는 분위기였다. 그러나 일본정부는 일본령 여순에 급파된 구라치에게 지령을 내려 '1) 일본법으로 일본령에서 해결할 수 있게 할 것, 2) 극형에 처할 것, 3) 정치적으로나 국제법적으로 비화되지 아니하고 테러범의 단순우발소행으로 축소할 것'을 밀명한다. 이로써 안중근 공판은 희대의 왜곡된 형사재판으로 남게 된다.

수사가 개시되자, 안 의사는 "나는 여순의 일본 재판부에서 재판받을 수 없다"라고 천명하였으나 일본 검찰관은 이를 받아들이지 않고 조사를 강행했다. 안 의사가 원하는 기시 변호사는 선정되지 않았고 일본인 미즈노 변호사와 가마다 변호사가 국선으로 선정되어 재판받을 수밖에 없었다. 공판은 변호사와의 사전 면담도 없이, 신속하게 이루어졌다.

5회에 걸친 공판은 고마츠 모토코라는 양심적인 기자의 삽화로 생생하게 기록되었으며 당시 관계자들의 이름과 발언은 만천하에 알려졌다.

미조부치 검찰관은 "조선에서 포수(사냥꾼)로 활동하던 안중근이 이토에 대한 막연한 적개심을 품고 자신의 분노를 억제하지 못하여 사건 당일 총으로 이토를 살해하게 되었다"라고 공소사실을 읽어 나갔다. 안

안중근 의사 재판을 담당한 마나베 재판부

의사와 방청객은 하나같이 그 공소장에 당황하면서도 일본 측의 사건 은폐의도를 알아차릴 수 있었다. 또한 일본 검찰은 사건발생지가 하얼빈이지만 일본총영사관이 신병을 적법하게 인도받아 일본 재판권이 미치는 여순에서 재판하므로 재판권과 관할에 문제가 없고, 한일제2차협약(을사조약) 제1조에 따라 일본국은 한국인을 보호할 의무가 있으므로 안중근에 대해 일본국 형법을 적용해야 한다며 재판권과 관할 그리고 준거법에 문제가 없음을 피력하였다.[8]

이에 대해 미즈노 변호사[9]는 "하얼빈주재 일본총영사는 일본 신민 관할의 의무가 있고 한국인 또한 보호대상이므로 이 사건은 하얼빈주재 일본총영사관의 관할이 생겨 여순법원의 공판이 정당하다"고 하면서, "다만 피고인의 행동은 애국심에서 기초한 것으로 3년 이하의 형이 옳

8. 이렇게 일본이 당당했다면 신병을 굳이 여순으로 옮겨 가며 재판해야 할 이유는 전혀 없었다.
9. 이태진 교수는 미즈노 변호사가 어용 변호사로서 일본 측 입장을 대변하는 역할을 했다고 주장한다.

다"라고 주장했다.

하지만 미조부치 검찰관과 미즈노 변호사의 주장은 그릇된 것이었다. 사건 당시 하얼빈은 중국의 영토이며 러시아가 영구조차永久租借 하고 있는 곳이고 러시아의 사법권이 있었다. 그렇다면 러시아가 수사하고 재판하는 것이 원칙이었고[10] 예외적으로 일본영사관의 치외법권이 논의된다고 해도 한국인인 안중근을 일본총영사관에서 일본인과 같이 재판할 수 있다는 것은 그 근거가 없었다.[11] 러시아의 수사 중 일본의 관할지로 거듭 피의자의 신병을 옮기는 것은 전례가 없는 것이며 정치범에 대해 을사조약[12]에 따라 '일인과 같은 동등한 지위로 일본의 보호대상인 한국인'이라는 근거를 내세웠던 것은 일본이 유리하게 재판에 개입하려 했던 명백한 증거라고도 할 수 있다.

이런 점에서 가마다 변호사는 "하얼빈(청淸-중국)에 재판권이 있고 관할이 있다(이번 여순법원의 재판은 무리다)"는 주장을 했으며 더 나아가 "(설사 일본령으로 신병이 인도된 현 상태를 인정한다고 해도) 청국지에서 일어난 본 사건에 대해 그 준거법은 청일통상조약(1871), 한청통상조약(1899)에 따라 한국인에 대해 한국법을 적용하여야 하고 한국법

---

10. 러시아가 수사·재판하는 것이 불가능하다면 청국의 영토로서 청국이 그 사법권을 가진다.
11. 백번을 양보해도 하얼빈에서 영사재판을 하지 아니하고 여순 일본지방법원으로 옮긴 것은 더욱 문제가 있다.
12. 최근, 일본 류코쿠대 도쓰까 교수는 "안중근 의군참모중장 재판에서 재판소가 검찰관할권의 근거로 삼은 1905년 한국보호조약은 유효하게 체결되지 않았다"며 "그 결과 (일제) 재판소에는 관할권을 내세울 법적 근거가 없었다"라는 주장을 하고 있다.

상 (국외지에서 외국인에 대한) 범행에 대해 처벌조항이 부재하여 무죄이다"라는 주장을 거듭하였다.

안중근 의사는 미조부치의 공소사실을 조목조목 반박하면서 적장[※] 이토의 죄상을 논했다(15죄목론).[13] 또한 재판권과 관할·준거법 논의에 대해 "(여순의 일본재판부에서 재판받는 것은 부당하며) 자신은 대한의군 참모중장으로서 적장을 쏜 것이고 이는 대한제국의 법도 대일본제국의 법이 아니라 만국평화회의에서 정한 전쟁포로에 관한 협약(만국공법-국제법)이 적용되어야 한다"[14]라고 주장했다. 안 의사는 "'육전[※] 포로에 관한 협약(법)' 제2조 제2항의 군인은 주권을 지키기 위해 적과 싸우는 의병도 포함된다"라고 하였고 일본법을 적용하려는 일본의 재판을 강하게 부정하였다.

가마다 변호사와 안중근의 주장은 본안에 앞서 소송요건에서도 일목요연한 논리였다. 우선 청국의 영토로서 러시아가 조차하고 있는 하얼빈의 의거에는 일본의 재판권이 없다는 점이었고, 일본이 여순으로 신

---

13. 안 의사는 법정에서 당당하게 이토의 15개 죄목을 나열했다. "나는 적장 이토를 대한의군 참모중장 자격으로 처단한 것이다. 이토에게는 다음의 죄가 있다. 한국의 민 황후를 시해한 죄요, 한국의 황제를 폐위시킨 죄요, 조약을 강제로 맺은 죄요, 무고한 한국인들을 학살한 죄요, 정권을 강제로 뺏은 죄요, 철도, 광산, 산림, 천택을 강제로 뺏은 죄요, 군대를 해산시킨 죄요, 교육을 방해한 죄요, 한국인들의 외국 유학을 금지시킨 죄요, 교과서를 압수하여 불태워 버린 죄요, 한국인이 일본인의 보호를 받고자 한다고 세계에 퍼뜨린 죄요, 현재 한국과 일본 사이엔 경쟁이 쉬지 않고 살육이 끊이지 않는데 태평 무사한 것처럼 위로 천황을 속인 죄요, 동양 평화를 깨뜨린 죄요, 일본 천황의 아버지 태황제를 죽인 죄가 그것이다."
14. 실제로 안중근은 의병시절 일본군 포로를 '육전 포로에 관한 협약'에 따라 처분하고 상당수를 살려 보낸 적이 있다(안중근의 자서전 '안응칠 역사' 중에서).

병을 임의로 호송한 것은 위법하며 원래대로 하얼빈에서 재판을 해야 하며, 일본 총영사관에서 치외법권과 무관한 한국인 안중근에 대한 재판관할을 가진다는 논리는 부당하고, 준거법에 있어 한국법에 따르든 국제법(전쟁법 내지 교전규칙)에 따르든 무죄가 되므로 일본 형법에 따른 '일반 살인죄'가 적용되는 것은 문제가 있다는 것이었다. 더더군다나 본안에 있어서도, 이번 의거는 전쟁 중의 적국 수장에 대해 비정규전을 벌여 수뇌를 참살하는 것이었으며 국익을 위한 정당행위로 평가될 수 있고 국제법적으로 교전법의 예에 따라 판단될 수 있는 부분이었다.[15]

5회에 걸친 공판 후, 재판장 마나베 판사는 미조부치 검찰관과 미즈노 변호사의 주장에 동조하는 것으로 본 사건을 왜곡한다. 재판부는 위에서 논의된 재판권의 문제, 관할의 문제, 준거법(근거법)의 문제를 일체 도외시하고 당연히 일본재판부의 일본법 적용을 강행하는 한편 본 사건의 사실관계까지 왜곡한다. 재판부는 판결문에서, 을사보호조약에 따라 일본재판부가 한국인을 일본법에 따라 재판하는 것은 당연하며 본 사건의 핵심을 '총 잘 쏘는 포수가 잘못된 애국심으로 저지른 단독 살인행위'라고 폄하했다. 왜곡된 사실관계와 이유가 명시되지 않은 단언적 판단 등이 섞여 있는 짧은 판결문은 일본정부의 재판개입의혹이 절

---

15. 헤이그 육전 수칙(1907년)에서 교전자의 지위에 민간 의용군도 포함되는 것은 타당하다는 견해가 지배적이고, 아직 논란이 있지만 안중근이 그 교전자로서의 지위를 가진다는 학설이 최근 많은 주목을 받고 있다(박정원 국민대교수 「안중근 재판의 부당성」 참조).

실히 드러나는 증거가 되었다.

재판권, 관할, 준거법의 논의를 대거 생략하고 의거의 가치를 테러범의 살인행위로 폄하하면서도 양형에 있어서는 극형인 사형死刑을 언도하는 일본 사법부의 모순된 태도는 영원히 일본사법사日本司法史의 수치로 남게 됨은 자명했다.

'포수砲手의 단독 살인행각'의 사형판결 이후其後

사형수가 되어 버린 안중근에게 상소의 기회가 있었다. 그러나 안중근은 히라이시 법원장을 만난 자리에서 상소를 포기하겠다고 선언한다. 그러면서 자신의 유언을 들어줄 것과 한 달여간의 말미를 주어 자신의 글이 세상에 남겨질 수 있도록 배려해 달라고 했다. 그때 안 의사는 이렇게 말했다.

어머니가 지어 준 수의를 입고 형의 집행을 기다리는 안중근 의사

"나는 이토가 한국에 대해 을사보호조약을 강제하여 만든 체제를 무너뜨리기 위해 싸우고 있는데 내가 일본법원의 이 조약에 근거해 내린 사형판결의 양형이 부당하다며 상고한다면 내가 이 체제를 인정하

는 것이 된다."

그 후 안중근은 한 달여 동안 『동양평화론』을 저술하며 자신의 의업^{義業}을 완성해 나간다. 안중근의 동양평화론에는 한·중·일 삼국의 공동 평화체제를 지향하고 있고 공동군항과 정례평화회의, 공용화폐, 공용언어·공동군대, 일본의 지도에 따른 한국·청국의 기술발전 등이 담겨 있다. 그는 더 많은 저술을 원하였으나 일본은 사형집행을 서둘렀고[16] 결국 안 의사의『동양평화론』은 미완에 그쳤다.

동양평화론을 저술하면서도 틈틈이 안 의사가 간수, 교도관, 검찰관 및 지인들에게 남겼던 단지^{斷指}된 장문^{掌紋, 손바닥 인장}이 찍힌 유묵들은 아직도 세상 사람들에게 보배처럼 간직되고 있다. 당시 그에게는 한정된 시간만이 남아 있었다. 그는 어머니가 지어 준 수의를 입고 선비처럼 고고하게 죽음을 기다렸다. 죽음을 향해 뚜벅뚜벅 걸어가면서도 그는 자신의 사상을 전파하려 했고 자신의 적국^{敵國}인 일본의 존경과 흠모를 받았다.

1910년 3월 26일 10시. 감방의 문이 열리고 안 의사는 교수장으로 향했다. 향년 32세, 그는 그렇게 자신의 짧은 생을 마감하였다. 일본은 비굴했고 안 의사는 당당했다. 일본이 여순으로 안 의사의 신병을 끌어오면서까지 재판을 강행하려 하고 재판권과 관할, 준거법에 대한 억지 재

---

16. 예정된 한 달여의 시간을 주지 않았음도 기록상 분명하다.

판을 하는 무리수를 두었던 것은 안 의사의 강인한 기개를 두려워했기 때문이었다. 또한 그 역사적 의거가 세상에 알려져 일본에 영원히 위협으로 남게 될 수 있다는 불안감에서였으리라.

그토록 일본은 두려웠던 것이다. 엉성하고 졸속적인 재판에 직면하면서도 안 의사는 동양평화의 주적 이토를 처단하고 조선의 독립을 염원한 자신의 의거를 당당히 여겼다. 그는 교활한 음모를 꾸민 일본정부와 왜곡된 재판을 감히 벌여 연극한 일본사법부를 통렬히 꾸짖었다.

그렇게 그는 자신의 삶을 당당히 마감한 선비였다.

03. 법조인의 문학 두드림

『호반』과 『대학시절』로 기억되는 법조 문호
테오도어 슈토름의 풋풋한 호심

법조인으로 성장한 문학청년과 그의 꿈

　문학의 역사에서 법조인이 등장하는 것이 그리 낯선 일만은 아니다. 괴테, 토마스 만은 법조계에서 활동했고[17] 볼테르, 스탕달, 워즈워스, 모어(토마스 모어), 호프만도 법조 집안에서 태어났다. 영국의 문호 찰스 디킨스는 법원 서기와 변호사 사무실 직원을 거쳐 많은 필력을 쌓았다.

　그러나 이들은 모두 법조를 떠나 작가로 전업하여 큰 성공을 한 반면 자신의 직업으로 끝내 돌아오지 못한 경우가 많았다.[18] 하지만 자신의 법조직업을 가지면서도 지속적인 서정문학작품을 내놓으며 문단에 보석처럼 자리했던 작가도 있었다. 그가 바로 독일 서정단편문학 작가 테오도어 슈토름Hans Theodor Woldsen Storm, 1817~1888이다. 법조 집안에 수북이 쌓인 장서를 두고두고 읽던 문학청년이 변호사, 검사, 판사를 역임하며 써 내려간 수많은 습작들은 독일 서정문학의 한 축으로 자리하게 되었다.

　문학청년 슈토름은 어려서부터 많은 책을 읽으며 문학의 세계에 푹 빠졌고 '글'이 가져다주는 행복에 깊이 천착하여 고귀하고 영롱한 문학작품을 남긴 바 있다. 바쁜 법조일상에서도 슈토름은 문학청년으로서

---

17. 하인리히 하이네의 경우에는 법학을 전공한 후 변호사로 성공하고 싶었으나 자신의 적성과 주위 환경으로 말미암아 직업을 전환한 경우이다.
18. 괴테가 조금은 예외이나 그는 다방면의 정치활동으로 만년을 보냈을 뿐이다.

의 꿈을 잃지 않았고 어느덧 중견작가로 성장해 갔던 것이다.

또한 슈토름의 문학은 그 독특함에 큰 매력이 있다. 그가 법조직을 계속하면서 보았을 세상의 온갖 어두움과 비속함에도 불구하고, 그의 작품은 하나같이 알퐁스 도데를 연상시킬 만큼 깨끗하고 순수하다. 특히, 그의 자전적 서정문학인『호반湖畔, Immen see』,『대학시절Auf der Universität』이라는 두 소설은 여전히 많은 사람들에게 청아한 울림으로 남는다.

엘리자베스!
저 푸른 산 너머에 우리들의 청춘이 있었지

슈토름이 청년시절 교제하고 우러르던 괴테와 하이네의 문학성을 듬뿍 받아 써 내려간 그의 단편집은 아직도 문학청년의 이미지가 채 가시지 않았다. 그의 나이 32세에 쓴『호반』은 자전적 이야기이자 누구에게나 존재하는 '잃어버린 첫사랑'에 대한 담담한 회고였다. 외지로 유학을 떠난 라인하르트와 고향의 벗 엘리자베스의 사랑은 이루어지지 않기에 더더욱 소중한 기억으로 남게 된다. 오랜 친구 사이이던 라인하르트, 에리히, 엘리자베스가 커 가면서 느끼는 '세상에 대한 동경'과 '사랑의 꿈'이 진솔하게 꾸려지고 임멘 호수의 아름다운 풍광이 함께하면서 읽는 이들을 아련한 회상으로 이끈다. 고향으로 잠시 돌아온 라인하르트가 부유

한 유지로 성장한 에리히, 엘리자베스 부부와 호숫가를 바라보며 드는 생각은 하나의 동상이몽이었겠지만, 슈토름은 이를 통해 세월과 운명 그리고 엇갈린 사랑에 대한 수긍을 하게 하는 편안함을 건네주고 있다.

엇갈린 사랑에 대하여 회상을 거듭하는 라인하르트는 옛 노랫말을 읊다가 첫사랑 엘리자베스의 속마음을 알게 되면서 가슴 한편이 슬며시 내려앉는다. "다른 남자를 따르라고 어머니가 바라셨네. 마음속에 간직했던 그대를 잊으라고 말씀하셨네. 그러나 그래서는 안 될 내 마음이었네. 사랑과 기쁨 대신에 맛보는 괴로움. 아, 그럴 줄 알았다면 황량한 들판을 헤매면서 비참한 아이라도 될 것을."

라인하르트는 숨이 막히는 아픔을 느끼며 "죽음뿐, 아, 죽음뿐, 오직나 혼자 떨어져 있네"라는 옛 노래에 비장한 마음을 다시금 새긴다. 엘리자베스 부부 집에 머물던 그날 밤, 꼬박 밤을 새운 라인하르트는 유서인지 편지인지 모를 글귀를 휘갈기고는 방을 나섰고, 현관에서 엘리자베스와 마주친다. 엘리자베스는 "라인하르트, 이젠 안 돌아오실 것이지요?" 하고 애절한 질문을 건넨다. 그가 "그래요. 이젠 절대로 돌아올 일이 없어요"라며 답하자, 그녀는 힘없이 돌아선다.

이 짧은 단편으로 독자들의 심금(心琴)을 울린 슈토름은 이후 쉴러, 하이네, 괴테가 이룩한 독일 서정문학에서 단편소설장르로 자신의 입지를 마련한다. 이 짧은 소설이 그처럼 공감을 받았던 이유는, 이 글이 문학청년다운 진솔한 문학성에서 비롯하였고 작가 자신의 첫사랑에 대한 기억으로 독자들에게 크게 다가갔기 때문이었다.

나를 알아보겠지, 로레! 함께 춤을 추지 않겠어?

슈토름이 40대 중반을 넘어 발표한 『대학시절』은 그의 또 다른 서정미를 보여 주고 있다. 1인칭 주인공이 과거를 회상하는 이 한 편의 소설은 슈토름이 이미 중견작가로 성장하여 원숙한 문체를 부리게 되었다는 것을 알게 한다. 중편에 가까운 분량에다 배경이동이 많고 대화보다는 서사가 중심축을 이루는 이 한 편의 소설은 '사랑, 그리움 그리고 슬픔'이라는 당대의 문학사조를 따르고 있는 듯하다. 주인공인 필립과 시장 댁 아들 프리츠 그리고 목수 견습공 크리스토프가 성장하면서 알게 된 처녀 '레오노레(로레)'에게 느끼는 흠모의 서정이 소설 내내 일관되게 이어진다. 가난한 양복장이의 딸 로레를 댄스모임에 초대하는 필립과 프리츠는 마냥 즐겁기만 하고 어쩔 수 없는 신분의 벽이 로레를 가로막고 있다는 점을 알지 못한다. 로레는 가난하고 비천한 자신이 다른 사람들(필립, 프리츠)과 어울리지 못하게 된다는 것을 알고 큰 절망에 빠진다.

시간이 흘러, 하이델베르크에서 만나게 된 세 친구는 이 낯선 도시에서 로레의 소식을 듣고 궁금함과 호기심에 빠진다. 재봉일을 하는 친척에게 맡겨져 생활하던 로레는 라우백작과 사랑놀이에 빠지고 세 친구들 또한 불가피하게 이 상황에 연루된다. 크리스토프가 라우백작을 폭행하고 도주한 사건이 발생하고, 크리스토프가 로레와 결혼할 것이라는 소문이 퍼진다. 하지만 로레는 여전히 방탕한 라우백작과 즐기기에 여념이 없고 이를 말리러 간 필립과 프리츠와도 거리를 둔다. 이제 로레와 다시 춤을 추게 된 필립은 예전의 로레가 아님을 알게 되고 "로레, 이젠 어떻게도 해 볼 수 없게 된 거야, 저 사내(라우백작)와의 관계를 끊을 수 없는 거야"라고 다그친다. 그러나 로레는 이별 인사를 하고 필립을 떠난다. 이 사실을 알게 된 프리츠가 사랑의 마음이 없이 방탕한 행동을 거듭하던 라우백작과 결투를 벌이고 크리스토프는 다른 사람과 결혼을 준비한다. 그동안 필립은 로레를 다른 곳에 보내 예전의 로레를 만들려고 고민한다.

그리고 필립과 프리츠가 시내로 가던 중 "젊은 처녀가 물에 빠져 죽었다"라는 소식을 듣게 되고 지난밤 춤을 추었던 로레의 차가운 주검을 목도한다.

우정과 사랑이라는 교착점을 보인다는 것, 성장소설과 연애소설의 접목이라는 점에서 『대학시절』은 『호반』과 크게 다를 바 없어 보이지만 삶의 운명적 무게가 심층적으로 그려져 있고 특히 비련의 결말을 통해 '아련한 추억'을 넘어선 많은 상념을 하게 한다는 점이 특징이다. 이미 『호반』에서 그려진 미완성인 사랑이야기임에도 『대학시절』은 그 미완성의 비극적 결말까지도 받아들일 수 있는 성숙함을 그려 낸다. 성장통을 겪어 낸 자아가 옛사랑의 소중함을 간직하며 다시금 삶을 살아간다는 성장소설의 플롯도 꽤나 신선함을 안겨 주고 있다.

법률가의 길을 평생토록 걸어오며 나중에는 주지사에까지 올라 많은 활동을 했던 T. 슈토름이 갈망한 바는 '따스하고 아름다운 문학'이었다. 이제 독일 서정문학이라는 장르는 하나의 '교과서'류의 소설로 분류되기도 하지만 서정문학이 남겨 준 '사랑과 추억 그리고 동경의 메타포'는 커다란 위안으로 남는다. 법조의 직업이 늘 첨예하고 각박하고 때론 비굴해질 때에도, 법조인으로서 문학의 길을 함께 걸어간 슈토름의 아름다운 글들을 보고 있을 때면 우리는 차분히 세상과 사람 그리고 삶에 대해 생각을 하게 마련이다.

슈토름의 『호반』에서 배를 타고 가던 라인하르트가 엘리자베스의 손을 바라보는 장면은 나중에 슈토름의 시에서도 등장하는데, '섬세한 손짓 하나가 말보다도 더 많은 것을 표현한다'라는 생각이 떠오르게 한다.

여자의 손
　　　　- T. 슈토름

한 마디의 탄식하는 말조차도
그대의 입술에서는 흘러나오지 않으리.
그러나 온화한 입가에 숨겨진 그대의 마음은
그 창백한 손이 모조리 말해 주고 있어요.

내 눈동자가 계속 끌리고 있는 그대의 손은
그 슬픔의 가냘픈 그림자를 지니고 있어요.
졸음조차 찾아오지 못했던 밤에
고뇌에 찬 가슴에 놓였던 추억을 생각하게 합니다.

문학 속의 법 이야기
– 이청준의 『당신들의 천국』과 소록도

소록도, 그곳에는 가 본 적이 없다. 고흥반도의 끝, 선착장에서 그곳을 바라보면 갈매기조차 나환자들의 한 품은 소리를 흉내 내며 끼룩끼룩 흐느낀다고 했다. 석양을 마주하며 10분 정도 배를 타고 그 섬에 도착하면, 어느덧 저 가까운 육지가 한없이 그리워진다고 했던가. 나환자들이 한번 들어가면 못 빠져나오는 섬, 그들만의 한恨 서린 공간, 애처롭게 육지의 삶을 갈망하던 작은 사슴섬, 소록도小鹿島였다.

1970년대 문학계에는 두 가지 중요한 작품이 등장하며 세인의 관심을 샀는데 그것은 바로 이청준의 『당신들의 천국』과 조세희의 『난장이가 쏘아올린 작은 공』이라는 작품이었다. 성장일로로 치닫던 시대에, 사회의 어두운 곳을 바라보려 했던 두 소설 모두 발표 당시부터 큰 관심을 끌었다. '도시빈민층의 희망일구기'라는 소재로 대중적인 공감대를 가진 『난장이가 쏘아올린 작은 공』이라는 작품이 더욱 유명세를 타긴 했지만, 또 다른 문제작『당신들의 천국』이라는 중견작가의 소설은 중요한 가치를 가진다. 그것은 밝은 미래로 부풀어 있던 우리 대한민국 땅에서 주류와 비주류, 지배와 피지배, 억압과 소외 등의 이분법이 여전히 잔존하고 있다는 조용한 외침이었고 그것을 적나라하게 폭로한 용감한 시도임이 분명했다. '희망찬 내일'을 부르짖으며 주류는 비주류를 슬며시 끌어들이고 자신들의 성과를 더욱 빛나게 하기 위해 비주류의 소소한 인간군상을 더더욱 눌러 밟는다. 물론 그것은 '우리들의 천국'을 향한 것이라고는 하지만 훗날 남게 되는 것은 온갖 성취욕을 숨겼던 '당신들의 천국'이었으며 버림받은 개체들에겐 '우리들의 지옥'이었던 셈이다.

그런 면에서 소록도는 작은 섬이 아니다. 그곳은 '당신들'이 추구한 욕망이 점차 현실화되면서 '당신들'의 우상을 우뚝 세워 놓은 '전승탑'과 같은 거대한 공간임과 동시에, 소외되고 힘없는 '우리들'이 낙원을 꿈꾸며 일하다 배반의 아픔을 보듬던 '거꾸로 흐르는 시계'와 같은 기나긴 시간이었다. 훗날 돌이켜보면 그곳은 화려한 공적으로 치장되었지만 그곳을 부끄러워하는 많은 사람들에게 잊혀 가는 공허한 유적지로 남게 된 셈이었다. 많은 이들의 욕망과 꿈 그리고 추억이 숨 쉬는 거대한 시·공간이 바로 전라도땅 말미의 소록도이다. 소설 『당신들의 천국』은 "소설이 '허구虛構'이면서도 또한 '사실事實'이라는 인식"에 극히 부합하는 작품이다. 작가 스스로 이 작품을 '상상력과 현실의 경주競走'라고 하였듯 작가의 많은 생각이 담겨 있으면서도 소록도라는 공간의 지독한 현실을 잘 투영하고 있다.

법조인으로서 소록도와 관련한 사회적인 문제를 소개하자면 다음과 같다. 2005년 동경지방재판소는 과거 일제강점기 시대 소록도의 인권유린 문제를 배상하는 차원에서 진행된 '한국한센인'들의 일본정부 상대 손해배상 청구소송에서 패소판결을 내렸다. 재판소는 "i) 한센인들을 소록도에 강제 격리시키고 ii) 고된 노역을 시켰으며 iii) 단종수술 및 신사참배를 강요했다. iv) 또한 이러한 조치들이 최소한으로 볼 때도 일본의 나병법 등 제반 법률에 위배된다"는 원고 측의 청구원인에 대해, "i) 소록도 수용소가 일본 내 요양소 내지 그에 준하는 요양소가 아니며 ii) 여러모로 일본정부가 최근 제정한 '한센병요양소 입소자 등에 대한 보상금의 지급 등에 관한 법률'의 적용대상이 아니다"라고 판단하고 있는 것이다. 이는 일본정부가 일본 내 요양소의 일본 한센인들의 배상을 결정하고 동경지방법원에서 진행된 대만 한센인들의 손해배상소송에서 원고 승소판결이 내려진 것과는 크게 괴리되는 것으로서 그 차별의 정당성이 크게 문제시되고 있다. 분쟁의 도의적 해결 차원에서 일본정부의 보상결정이 향후 예정된다고 하지만 아직 그 결말이 내려지지 않았고 적극 항소한 관련 대상자들이 점차 연로하여 사망하고 있는 것이 큰 문제이다. 또 하나, 『당신들의 천국』의 배경이 된 오마도 간척사업 또한 하나의 사회문제로 재검토되고 있다. 갖은 이권이 예상되었던 오마도 간척사업은 결국 군사정부의 잦은 개입을 가져왔고 1989년 정부 차원의 공사완료 선언 및 토지분배 결정으로 말미암아 그 땅들이 소록도 원생들이 아닌 인근 주민들에게 돌아갔다. 20여 년간 간척사업의 80% 이상을 진행해 왔던 소록도 한센인들에게는 아무런 결실 없는 허탈한 종국이었다. 소록도를 나와 자신들의 후손에게 새 땅을 만들어 주려는 나환자들의 소중한 꿈은 이처럼 허무하게 사라진 것이다.

다행스럽게도 이러한 두 가지 문제는 현재 대한변호사협회에서 공익적 변호 및 법률 구조의 일환으로 그 해결을 추진 중인 것으로 알고 있다. 많은 분들이 관심을 갖기를 바란다.

04. 리걸마인드를 위한 사회과학서 한 권

『열린사회와 그 적들』, 합리적 자유주의를
희구한 칼 포퍼의 고언

가슴과 머리 chest and brain

"30세 이전에 사회주의자가 아닌 사람은 가슴이 없는 사람이고, 나이가 들어서도 사회주의자인 사람은 머리가 없는 사람이다." 이 말은 얼마 전 세계적 금융위기를 예언하며 왕성한 집필활동을 해온 노벨 경제학상 수상자 폴 크루그먼 교수의 신문 칼럼[1] 서두다. 이 '가슴과 머리'라는 글을 읽으며 나는 또 하나의 포퍼가 세상에 등장했음을 직감하게 되었다. '세계금융위기의 예언자'로 세상에 등장한 이 경제학자는 이미 상당한 논쟁자를 확보한 논객으로 성장했다. 하지만 그는 여전히 정체불명이다.[2] 어떤 사람들에게는 진보적 사회주의자라고 분류되고 어떤 사람들에게는 보수적 자유주의자로 간주되며 또 어떤 사람들에게는 합리적 비판의식을 가진 실천이성가라고도 분류되고 있기 때문이다. 이렇게 정체불명의 사상적 기반[3]을 가지고 있음에도 그의 비판은 참으로 귀 기울여 들을 만하다. 마치 예전에 칼 포퍼의 등장이 서구권에 던졌던 각양각색의 사상적 충격을 이제 경제학자 크루그먼이 그 역할을 대신하고 있는 모습이었다.

---

1. 뉴욕타임즈, 2001년 4월 22일자.
2. 포퍼도 그 사상적 정체를 쉼 없이 의심받았다. 그는 자유주의 맹신자, 반·마르크스주의자 등으로 분류되기도 했다.
3. 이 말은 보수주의이든 진보주의이든 그 외의 다른 것이든 폴 크루그먼 자신이 특정한 쪽으로 편중되어 있지 않다는 것을 의미하며, 사상적인 기초가 없다는 말이 전혀 아니다.

사실, 앞서 언급한 크루그먼의 말은 바로 칼
포퍼Karl Raimund Popper, 1902~1994의 말이었다. 포퍼가
전에 "젊어서 마르크스사상에 빠지지 않으면 바
보이고, 그 후에도 마르크스주의자로 남아 있
는 것은 더 바보이다"라고 했던 것을 원용한 것
에 지나지 않았던 것이다. 위대한 지성 B. 러셀이

20세기 초반 철학과 사회과학을 조용하게 평정한 직후, 신예 사회과
학자[4] 포퍼는 논란거리가 된 두 저서, 『추측과 논박Conjecture and refutation』과
『열린사회와 그 적들The open society and its enemies』을 내놓으면서 세상을 떠들썩
하게 했다. 그 후 포퍼는 토머스 쿤과 하버마스, 그 외 많은 학자들과
수많은 논쟁을 벌임으로써 자신의 사상적 입지를 차차 정립하게 된다.[5]

특히, 포퍼의 『열린사회와 그 적들』은 그의 가장 중요한 저작이었다.
그 책은 나치즘(독일), 파시즘(이태리)과 군국주의(일본)가 패망한 1945
년에 발간되었고 공산주의의 위협에 이르는 동안 거듭 출간되었다. 포
퍼는 점차 세계를 광기로 몰아간 공산주의·전체주의 등의 사상적 근간
을 더듬어 가며 최종적으로 전체론holism자들의 유토피아적 환상을 합리
적으로 논파했다. 이를 통해 포퍼는 선진사회에 보다 적합한 사상적 근

---

4. 철학자, 물리학자, 수학자, 사회학자 등등으로 불리나 많은 이들은 그가 사회과학자였다
   는 점을 부정하지 않는다.
5. 최근에는 프랑스의 진보적 사회학자 기 소르망이 『진보주의와 그 적들』이라는 책을 써낸 것
   으로 보면, 여전히 포퍼의 열린사회론은 논쟁진행 중이다.

간으로서 민주주의와 자유주의를 제시하고 또한 '열린사회'에 대한 확신을 세상에 심어 주게 된 것이다. 여기서 중요한 점은, 포퍼가 사회주의자나 전체주의에 많은 비판을 한다고 해도 그 자신이 맹목적인 자유주의자가 아니었다는 사실[6]인데, 여기서 우리는 한쪽에 경도되어 전부를 잃지 않는 사상적 대가의 균형 잡힌 시각을 볼 수 있게 된다.

"모든 사람이 행복하게 살 수 있는 사회는 과연 어떤 곳인가?", "그 천국(유토피아)을 우리는 만들어 갈 수 있는가?" 우리는 이제껏 고민해 왔다. 우리가 철학 등 인문학에서부터 법학 등 사회학을 접하는 많은 사유 영역에서 이 문제를 마주친다.

이제 균형 잡힌 사상가 칼 포퍼는 다음과 같이 답해 주고 있다.

"천국은 없다. 그것이 이성적인 인간의 합리적인 사고이다."

---

6. 포퍼는 자신의 저서 중에서 종종 "자유가 제한 없다는 것을 생각할 수 없다", "자유방임적 자본주의는 경제적 간섭주의에 굴복해야 한다"라는 등등의 논조를 표하고 있다.

플라톤, 헤겔, 마르크스가 꿈꾸었던
허구적 유토피아

위대한 인물들의 위대한 실수

위대한 인물들을 비판하는 것은 자충수에 가깝다. 그들이 남긴 말은 하나같이 명언으로 전해지고 사상적인 업적은 우리에게 늘 금과옥조다. 그 위인들의 말과 행동은 이미 신격화되어 우리 범인들이 그들을 비판하는 것은 몰이해에 빠진 감정적 태도라고 치부되기 십상인 것이다. 하지만 합리주의자는 의심한다. 그리고 그러한 자세야말로 세상에 대한 사유를 발전시켜 준다는 것을 우리는 역사에서 보아 왔다.[7]

포퍼는 1943년 초판의 서문에서 "위대한 인물들은 위대한 실수를 저지를 수 있다"라고 하며 역사적으로 위대한 사상가들에 대해서도 합리적인 잣대를 들이댈 용기를 천명해 보였다. 그리고 긴긴 고증과 논증과정을 통해 그는 결국 몇몇 위인들이 가졌던 사상적 편향, 지적 우월의식, 독단적 사상기조 등을 논박해 내면서 "천국의 꿈을 지상에 실현시키려는 자들이 결국 세상에 지옥을 만들어 놓았다"라는 잠정적인 결론을 내리고 결국 우리 사회가 가야 할 '열린사회Open society'를 그 대안으로 제시

---

7. 토머스 쿤이 『과학혁명의 구조』에서 밝힌 역사상 과학적 패러다임 전개는 정반합의 과거탈피적 성장이었다. 또한 칼 포퍼는 『추측과 논박』에서도 "우리는 우리의 잘못으로부터 배울 수 있다We can learn from our mistakes"라는 유명한 말을 남겼다.

하였다. 수차례의 개정을 거듭하고 500여 페이지 그리고 그에 육박하는 방대한 주석들을 서술하면서, 포퍼는 자유와 평등이 실현될 수 있는 열린사회를 지향하면서 이제껏 열린사회를 위협해 온 '닫힌사회'의 사상들을 비판적으로 검증하는 미증유의 작업을 벌여 나갔다.

우선 그가 첫 번째로 검증한 대상은 철현哲賢 플라톤Platon, B.C. 427~B.C. 347이다. 아직도 철학계에서 그가 남긴 이데아론[8](형이상학론)과 철인哲人 정치론[9](국가론)은 사람들에게 회자되고 있다. 포퍼는 플라톤이 2,000여 년 전 논증하고 설파한 그 직관적 사유와 사상적 선구성에는 깊은 숙연함을 표하고 있

플라톤

다. 하지만 도대체 무엇이 플라톤으로 하여금 완벽주의, 지적 오만, 역사주의[10], 계급주의 등으로 빠지게 했는지 포퍼는 심각한 회의를 거듭하

---

8. 이데아라는 철학적 용어에 대해 그 정의가 쉽지 않으나 모든 존재에 공통적으로 존재하는 본질적 핵심을 지칭하며 플라톤이 추구한 완벽지향적이고 추상적인 전제설정이라고 볼 소지도 있다. 즉 모호성과 비현실성에 많은 비판을 받았다.
9. 인간에게는 완력적, 지적, 권력적 차등이 분명 존재하고 이런 모든 면에서 완벽에 가까운 철인왕哲人王이 봉매한 다수를 규율하는 규범의 정치를 하게 되면 보다 이상사회에 가까워질 수 있다는 독특한 사유의 정치학이다.
10. 인간 사회가 나아갈 역사적 지향점이 존재한다는 것으로서 역사의 발전이 성숙기를 접어든 후 퇴보하게 되는 파탄적 숙명을 맞이한다는 위기도 도출된다. 이 시점에서 역사주의에 경도된 사상가들은 어느덧 유토피아라는 역사적 종착점으로 극단의 천국을 설정하게 되고 누군가 시대적 영웅이 되어 그 무질서의 세계를 정돈하게 된다는 최후의 역사적 심판과정을 강행하는 강박관념에 빠지게 된다.

고 있다. 그것은 플라톤의 성장환경에서 비롯한 것일 수 있으나, 그 원인이 중요한 것은 아니다.

이에 포퍼는 이러한 플라톤의 사상적 오류가 그 선배 소크라테스가 그토록 강조한 자유와 이성에 대한 심각한 위험을 초래하고 있다는 점에 대해 신랄하게 지적한다. 포퍼는, 플라톤의 '완벽하며 전체주의적이고 계급적인 통제사회'가 중세 기독교의 영화기를 지나는 동안 신이 부여한 이상적인 통치구조로 변질되었고 플라톤이야말로 르네상스 이후의 합리적 사상조류에도 심각한 오류를 던져 주었다고 폄하한다. 플라톤의 음흉한 사고가 어느덧 전체론holism, 유토피아론Utopianism이라는 교조적이고 체제우위적인 생각으로 발전하게 된 점도 빼놓지 않았다. 플라톤사상은 '그럴듯하지만 절대 그럴 수 없는' 공허함을 내포하고 있음에도 마약과 같은 사상적 매력으로 인해서인지 이후 헤겔, 마르크스를 비롯한 사상적 후계자를 낳게 되었다. 이런 입장의 대척점에서 임마누엘 칸트는 "인간은 그 존재 자체가 목적이므로 하나의 수단으로 삼지 말라"는 정언명제를 늘 강조하였고 쇼펜하우어 또한 개인의지에 대한 신뢰로 칸트의 이성주의를 계승한 바 있었다.

다음으로 포퍼가 주목한 검증대상은 헤겔Georg Wilhelm Friedrich Hegel, 1770~1831이다. 포퍼에게 있어 헤겔은 칸트와 쇼펜하우어와 닮지 않았고 피히테만큼이나 기괴한 존재이다. 헤겔은 포퍼가 보기에 학자이기보다 선동가이며 비이성적이고 이념지향적인 이상주의자다. 특히, '정반합正反合'의 변

증법[11] 논증'이나 '역사주의' 그리고 '절대이
성' 등에 있어 헤겔은 합리와 이성과는
점차 멀어진다. 역설적이게도 포퍼의 입장에
서 헤겔의 논리를 차용하자면, 그리스의 민
주주의가 로마전제정에서 쇠멸하였고(정에
서 반으로), 그 후 유일신과 천국을 추종
한 암흑의 중세를 인간과 이성의 르네상스,

헤겔

계몽주의가 깨워 냈으나(반에서 정으로) 다시금 헤겔, 마르크스 등의 전
체론적 사상이 인류에게 어둠을 예고한(다시 정에서 반으로) 셈이다. 포
퍼는 결국 헤겔이 지향한 완벽론적 역사주의·민족주의에 대해 합리적
이성의 잣대로 검증을 계속하여 온갖 모순과 허영이 뒤범벅된 헤겔을 퇴
출하며 마지막으로 "결국 인류의 (정해진, 지향할 완벽한) 역사란 없다"
라는 말로 헤겔을 논파한다. 하지만 포퍼의 검증은 끝나지 않는다. 헤
겔 사후 얼마 지나지 않아 또 하나의 비합리적 이상주의자인 인물이
등장하기 때문이다.

　　근현대를 통틀어 마르크스Karl Heinrich Marx, 1818~1883만큼 세상을 뒤흔들어
놓은 사람은 없었다. 그의 사상과 논리는 세상의 지성을 매료시켰으며

---

11. 헤겔의 철학(역사철학) 핵심부분을 이루며 헤겔을 대표하는 이론으로 자리 잡았다. 역사는
　　점차 발전해 가며 큰 위기를 겪기도 하지만 나중에는 지고지선의 평화를 이루어 갈 수 있다
　　는 역사적 변천을 전제하고 정(테제)에서 반(안티테제)으로 그리고 갈등이 봉합되는 합(씬
　　테제)의 과정을 그 주된 내용으로 담고 있다.

실제로 혁명이라는 것을 시도하여 성공한 예[12]가 역사에는 얼마든지 있다. 이러한 가시적인 영향력 외에도, 포퍼는 마르크스라는 인물의 뛰어난 점을 존중한다. 거시적인 사고의 전환과 집요하고 주도면밀한 사상적 접근에는 큰 경의를 표하고 있는 것이다. 하지만 방향이 잘못되었는데 열심히 나아가

마르크스

기만 하는 저돌적인 모습에는 경계를 표한다. 파괴적이며 급진적이고 비이성적인 선동이 주류를 이룬 마르크스방법뿐만 아니라 '과학적 사회주의', '역사주의', '계급투쟁론', '상부구조·하부구조론', '유물론'[13] 등의 마르크스사상에 대해서도 심각한 회의를 거듭한다. 그리하여 포퍼는 마르크스의 사회주의에는 한계가 뚜렷하다는 점을 검증하며 마르크스가 예견한 '공산혁명이 성공하는 그날'이 허구적[14]이라는 점을 증빙하고 그 대안으로 '점진적 사회공학'을 제안하기에 이른다.

---

12. 물론 성공이 지속된 예에 대해서는 쉽게 단언하기 어렵다. 미국의 사회학자 프랜시스 후쿠야마는 공산주의를 일러 『역사의 종말』이라는 저서를 통해 필연적 몰락과정을 검증하고 있다. 후쿠야마 역시 헤겔과 마르크스의 역사주의를 그 논쟁의 핵심으로 끌어들였다.
13. 인간의 의식과 개체성을 존중하기보다는 인간을 물질과 환경, 제도에 따라 변화를 거듭하는 존재로 설명하는 관점에 서 있다. 특히, 경제적인 조건(환경)은 인간에게 가장 중요한 요소이며 핍박받는 노동자계급의 혁명이 역사적으로 예정된다고도 한다. 유물론과 역사주의를 합쳐 마르크스의 논리를 역사적 유물론(사적유물론historical materialism)이라고 한다. 이러한 생각은 훗날 스탈린의 저작 『변증법적 유물론과 역사적 유물론』을 통해 볼셰비키당의 기조로 자리 잡았다고 전한다.
14. 마르크스가 예견한 대로 자본주의와 중세적 관습이 득세하던 서유럽 제국에서 사회주의혁명이 일어나지 않았고, 오히려 극우적인 사조가 득세하였던 것은 역사적 사실이다. 또한 포퍼는 마르크스의 주장과 논증이 결국 '이렇게 되어야 한다'는 정치적·도덕적 당위에 불과

열린사회를 향해 가야 하는 절명(絶命)의 이유

이제, 칼 포퍼는 전체론(holism), 역사주의(Historismus), 천국론(Utopianism) 등의 위험한 '적들'로부터 우리 사회를 지켜 내기 위한 사상적 대안으로 '열린사회(Open Society)'론을 제시한다. 여기서 열린사회란 무엇인가. 포퍼에 따르면, 열린사회는 절대적 원칙과 규범 그리고 전통적 권위를 부정하고 사회 구성원 개개인의 의사결정을 최고로 존중하는 사회이다. 이른바 목적적 정당성을 극대화하기보다는 절차적 민주성을 최고로 삼는 장소이고, 대화와 소통의 가능성이 늘 열려 있는 현재진행형의 구성공간이라고 볼 수 있다. 칼 포퍼는 역사상 열린사회를 지향한 선구자로 페리클레스를 꼽는데, 페리클레스의 "오직 소수의 사람만이 정책을 발의할 수 있다 해도, 우리들 모두는 그것을 비판할 수 있다"라는 말을 책 서두에 하나의 경구(警句)로 던져놓고 있다.

민주주의와 반(反)민주주의, 자유와 통제라는 식의 이분법적 사고로 본다면, 자유와 토론 그리고 의사결정이라는 제반 과정을 지향한 칼 포퍼가 민주주의 지향적, 자유지향적이라고 쉽게 확인할 수 있다. 닫힌사회에 대한 모순점을 논파한 그는 더 나아가 자신이 제시한 '열린사회'를 검증하는 모험을 감행하지는 못했다.[15] 그러나 아마도 닫힌사회를 논박

하며 사회과학적 가치가 빈약했다는 점을 신랄하게 지적하게 된다. 포퍼에 따르면, 마르크스는 단지 도덕론과 비이성주의에 매몰되어 신앙이나 선동에 그 기질을 발휘했을지 모를 일이다.

15. 아마도 독자로서 『열린사회와 그 적들』에 가장 아쉬운 부분이라 하겠다. 포퍼가 비판적으

하며 열린사회의 당위에 대한 언급을 거듭하는 동안 그는 "완벽한 사회 이론은 없다. 마찬가지로 지상 위의 천국은 없다. 그것이 가장 합리적인 것이다"라고 하며 '닫힌사회를 열어 놓는' 것이 열린사회라는 점으로 믿고 있었던 것으로 보인다. 결국 닫힌사회를 지향하는 자들이 유토피아를 설정하고 그 방법을 구구절절하게 늘어놓는 것과 대조적으로 열린사회를 추구하는 포퍼는 완벽한 사회상을 설정하지 아니하고 단지 '열어 놓는다'는 행위에 큰 가치를 두는 것이다. 이 '열린사회의 길'은 사회제도에 대한 지나친 기대나 미련을 떨쳐 버리고 합리적인 이성을 가진 인간성Humanity을 신뢰한다.

결론적으로 포퍼는 우리 사회가 모든 비합리, 부조리, 반이성, 비인간성이라는 적Enemy을 떨쳐 내어야 한다는 당위를 제시하면서 어느덧 우리 개개인에게 과제를 던져 놓는다. 포퍼의 강렬한 외침을 듣는 동안, 우리는 깨어 있는 계몽적 존재라는 점을 인식하게 되고 제도나 사회라는 틀로써 '나은 세상'을 이루어 갈 수 없다는 점을 깨닫게 된다. 이제 열린사회를 살아가야 하는 우리는 개개인의 이성적이고 합리적인 정치역량을 기대하고 지향하게 되는 것이다.

로 검증한 여러 사상의 부정적인 면을 제거하는 방식으로 포퍼의 대안제시검토가 이루어지고 있기 때문이기도 하다. 다만 열린사회는 뚜렷하고 완벽한 틀이 없고 그 절차적인 정당성을 지켜 가는 것을 그 핵심으로 한다고 생각할 소지도 있다.

열린사회를 향한 선진적 사고의 틀

플라톤은 아테네의 민주주의가 왜곡되고 소크라테스가 죽는 광경을 목도했다. 헤겔은 귀족정과 지방왕정이 뒤엉켜 근대국가로 발전하지 못하고 있는 독일과 함께 성장했다. 그리고 마르크스는 독일과 영국을 오가며 산업사회와 근대화의 미명 아래 자본주의가 처절히 왜곡되는 상황에 큰 회의를 품었다. 이들의 급진적이고 자유비판적인 문제의식은 모두 그러한 혼란상황을 경험한 지성인의 입장에서 무척이나 당연한 것이었다. 뛰어난 사상가였던 그들은 자신이 당면하고 또한 실증적으로 검토를 거듭한 가운데 절체절명의 해결책을 내놓았다. 그들은 천국과 평화가 역사의 전개상 그리고 역사의 당위로 등장할 것을 기대하였다. 이들과의 관련성을 부정할 수 없는 히틀러도 독일제국의 붕괴, 독일사회의 좌절, 바이마르 공화국의 민주주의 실패를 경험한 신예지도자였다. 그 또한 플라톤, 헤겔, 마르크스의 생각과 비슷하게 영웅과 신세기 그리고 완벽한 사회를 더더욱 원했다. 그는 선배들의 사상을 집요할 정도로 잘 수행하려 했으며 어떤 면에서는 지나쳤다. 그는 결국 천국을 꿈꾸다 이 세계에 지옥을 건설한 마지막 독재자로 역사에 남게 되었을 뿐이다.

플라톤, 헤겔, 마르크스는 사회와 제도에 대한 깊은 관심과 이해를 가진 것은 분명했다. 하지만 그들은 급진적이었고 사상편향적이었으며 특히 제도에 대한 환상을 품고 있었다. 하지만 제도는 최악을 막기 위한 방파제일 뿐 그 자체가 좋은 항구가 될 수는 없다. 그렇기에 우리 사회는 어쩌면 많은 혼란을 거듭하면서도 개인과 그들의 이성에 보다 많은 기대를 가지고 점차 시행착오를 줄여 가는 선택을 할 수밖에 없다.

포퍼는 이 책에 그가 자유주의와 민주주의의 맹신자_{盲信者}로 오해될 수 있는 과감한 서술을 남겨 놓았다. 하지만 포퍼가 원한 것은 특정 사상에 대한 주장과 논증이 아니었다. 그는 보다 실천적인 사회과학을 원했으며 그 스스로 밝힌 '점진적 사회공학_{Piecemeal social engineering}'을 통해 사회의 지성에게 지적 오만과 완벽주의, 유토피아적 환상을 탈피하도록 가르쳤다. 개인적으로 포퍼는 평생을 떠돌다 죽음이 가까이 와서야 자신의 조국에 묻힐 수 있었던 비운의 철학자였다. 젊은 시절 사회주의와 공산주의에 경도되었던 그는 어느덧 학자로 성장하여 자유에 대한 확신을 설파했고 열린사회를 향한 미래적 접근을 과감히 제시하였다.

사람이 환경에 영향을 받는다는 것은 사실이다. 위대한 인물들 또한 그들의 사상이 그들이 당면한 사회환경에 영향을 받게 되었다는 점 또한 사실이다. 하지만 그 음울한 환경을 통과한 위대한 인물들이 벌인 위대한 실수는 치명적이게 마련이다. 루소, 로크, 밀, 칸트, 러셀 등으로 이어지는 자유주의적, 인도주의적 사고는 포퍼에 이르러 '열린사회'라고 귀결되었으며 그 '적들'의 사상적 위험성을 경고하기에 이른다. 그는 자신의 자유 그리고 인간의 자유를 위해 노력하였으며 세상의 마지막 한 사람을 위해서라도 지켜 내는 '실천적인 자유의 파수꾼'이었고 끝까지 자신의 신념과 학자적 양심을 지킨 사람이었다. 이처럼 포퍼는 그의 유수한 저작만큼이나 자신의 확신을 지켜 간 행동하는 양심으로 우리의 가슴에 깊게 자리하고 있다.

세상의 '나아갈 길'에 대해 다룬 이 책을 접한 것은 10년 전 일이다. 당시에 학부생으로서 과학사개론을 수강하고 있었는데, 담당 교수가 과학자로서 존경하는 인물이 칼 포퍼였다. 젊은 교수는 이런저런 책을 권해 주었는데, 하나같이 흥미로운 것들이었다. 앨런 소칼의 『지적 사기』, 버트런드 러셀의 『서양철학사』 그리고 칼 포퍼의 『추측과 논박』, 『열린 사회와 그 적들』이었다. 특히, 『열린사회와 그 적들』은 제목에서 느껴지는 현학적인 무게가 다가오지 않는 가장 흥미로운 고전이었다. 사회과학서적 중 이처럼 쉬운 설명으로 독자들을 설득해 가는 책은 드물 것이다. 특히, 나치즘의 박해를 직접 경험한 저자의 뜨거운 사명감이 절절히 느껴지는 문장들은 무척 생동감 있다. 저자 스스로도 "이 책이 나의 의도보다 더 감정적이고 더 거칠게 느껴진다"라고 한 바 있다.

05. 로스쿨제도의 양 측면, 기대와 그림자

2008 국제심포지엄
로스쿨과 공익인권법 : 전망과 모색

법학전문대학원이 2009년 개원을 앞두고 있습니다.
법학전문대학원제도는 사인들에게 양질의 법률서비스를 제공하고, 다양한 분야의 전문성을 갖춘 법률가를 양성한다는
취지로 도입되었습니다. 사회적 약자에 대한 인권 옹호와 사회정의 실현이라는 법률가의 사명에 부합하고 법의 이념이
제대로 구현되기 위해, 법학전문대학원 과정에서 공익인권법 프로그램을 활성화할 수 있는 방안에 대해 함께
고민하는 자리를 마련했습니다. 공익인권법 프로그램의 내용과 형식에 대해 다양한 가능성을 모색해보고 인식을 넓히는
기회를 갖고자 하오니 바쁘시더라도 꼭 참석하시어 고견을 나누어 주시기 바랍니다.

일시 | 2008년 5월 17일(토) 9:00~18:00
장소 | 서울대학교 근대법학100주년기념관 대강당
주최 | 아름다운재단 공익변호사그룹 공감, 서울대학교 법과대학 공익인권법센터
후원 | 김 · 장 법률사무소, 법무법인 광장

로스쿨과 공익·인권법의 상승작용

법조직역과 공익·인권적 활동의 상관관계

"90%의 변호사들이 우리사회 구성원의 10%만을 대변한다. 우리는 과잉된 변호사들을 공급받고 있으나 그들로 인해 잘 대표되지는 못한다 Ninety percent of our lawyers serve ten percent of our people. We are overlawyered and underpresented." 지미 카터 미국 대통령이 1978년 로스앤젤레스 변호사협회(county bar)에서 했던 말이다. 로스쿨제도를 통하여 백만 명 이상의 변호사를 보유하고 있는 미국에서도 이미 진작부터 변호사들의 영리추구성, 비인권적·비공익적 행위양태를 고발하는 사회적 공감대가 형성되어 왔던 것이다.[1]

이제 기존에 논의된 대로, "법조직업이 성직자, 의사와 함께 3대 전문가 집단으로서 직업적 소명의식을 가지고 사회를 위해 봉사하는 모습을 보여야 한다"라는 정언명제로는 더 이상 설득력을 가지기 어려운 시대가 되었다. 법과대학에서든 사법연수원에서든 변호사협회에서든 강연되는 '법조윤리, 법조책임'이라는 짧은 시간으로 법조직역의 '오블리주obligo'를 체득하게 하긴 힘든 실정이 되었고, 사회 일각에서는 사회고발프로그램을 통해 판사·검사·변호사들의 부패와 비리, 반공익적 지위영달·영리추

---

1. 논의에 앞서 공익과 인권의 개념을 정리할 필요가 있다. 공익Public Interest은 해당 사회구성원 일반에 공통된 이익 또는 비영리적이지만 사회발전을 위해 필요한 이익 등으로 해석될 수 있는 개념이며 반드시 특정집단(노동자, 농민, 노인, 여성, 장애인)의 이익이어야 하는 것은 아니라 하겠으나 포섭관계에 있기는 하다. 인권Human Rights은 인류보편의 권리 또는 국민의 기본권이라는 개념으로 정의되기도 하며 소수자인권보호Minority Right Protect의 개념으로 해석된다. 특히 현대사회에 있어 공익의 개념은 '비영리적인 사회적 이익 활동'으로, 인권의 개념은 소외계층 권익보호의 개념으로 정의되고 있는 것이 현실이다.

구 등이 속속들이 폭로되고 있는 현실이다.

"왜 법조직업은 사회를 위해 다른 사람들을 위해 보다 많은 봉사를 해야 하는가." 이러한 질문에 대해 조금이나마 간명히 답을 해야 한다면, 그것은 바로 전문직업 자체의 사회적 성격 때문이다. 전문가집단에 대한 일반인의 기대는 전문가에 대한 사회적 대우로 연결되어 있고 우월한 사회적 지위와 높은 명예 그리고 안락한 풍요를 주는 전문직업은 그만큼 사회에 돌려주어야 할 몫이 큰 법이다. 특히, 사회의 제도적 병폐와 모순을 해결하고 보다 나은 사회를 위하여 '정의와 인권'의 긍정적 효용을 양산하는 법조직업의 경우에도 그러한 '봉사의 당위성'은 현저하다.

법조의 직업에 있는 이상 자신이 누리고자 했든 그러하지 않든, 지구촌에서 선진국사회가 후진국들을 위한 사회적 활동에 많은 노력을 기울이고 있다는 점을 비유하자면, 보다 높은 대우와 배려를 받는 법조직업의 구성원들은 사회의 그늘진 곳을 밝게 비추고 힘겨운 이웃을 보듬는 공익적 활동에 보다 많은 노력을 기울여 줄 것을 이 사회로부터 당부받게 된 것이다.

2008년 서울대 법학기념관에서 열린 세미나에서는, 대한민국에서 시행될 로스쿨제도에 있어 법조직역의 공익적·인권적 활동이 어떻게 운용될 것인가를 논의하였고[2] 그 외에 미국·캐나다·영국 등 각국의 공익적

---

2. 특히, 서울대, 한양대, 전남대, 영남대의 경우에는 로스쿨의 특성화 분야로 이러한 공익·인권을 표제로 내건 바 있다.

활동(프로보노로 통칭된다)을 비교해 보는 자리가 되었다.

로스쿨제도에 따른 공익적 활동의 확장가능성
– '봉사를 위한 배움 Learning To Serve'

기존 대한민국 법조는 고등 법관, 검찰관을 채용하는 고등고시 제도
를 지나 사법시험–사법연수원 제도가 마련되어 법조인을 배출하였다.
이러한 제도는 과거제도와 유사하게 '공개경쟁제도를 통해 실력 위주의
최고급관료형성'[3]에는 크게 기여한 바 있었으나, 국민을 위한 사법서비
스 개선이나 소외계층을 위한 사회적 배려에는 크게 취약하였던 점이 있
었다. 특히 법조관료는 법대 졸업과 사법시험 합격, 연수원 수료를 거쳐
바로 임관되는 것이 통상이었고 다소 폐쇄적인 인적구성이 문제점으로
지적받아 왔으며, 변호사계는 우월적·귀족적 성격을 버리지 못하여 불
충분한 서비스가 늘 비판받았다. 이러한 상황에서 국민적인 여론은 로
스쿨을 수용하는 방향으로 진행되었고 이제 로스쿨제도를 통한 '다양
한 식견을 가진 변호사의 양산'을 그 기조로 삼고 있다.[4]

---

3. 이번 세미나에서 발표한 한상희 교수는 대한민국 사회에서 고착화되어 변질되고 있는 이러
   한 상류계급적 법조관료제를 '천박한 법도구주의'로 보고 있다.
4. 물론 로스쿨제도가 급히 시행된 부분에 대해서는 다소의 논란여지가 있다. 사법시험제도
   와 연수원제도가 갖는 효율적인 송무·능력수양의 장점을 소홀히 한 부분이나 정원, 연

로스쿨제도는 '변호사(법률전문직)의 양산을 통한 법률시장의 확대, 다양한 경험을 가진 법률전문직 종사자의 양산, 국민을 위한 사법서비스의 고양' 등을 목표로 하고 있으며 긍정적인 결과를 기대하고 있다. 이러한 목표 외에도 로스쿨제도는 바로 법률전문직 종사자(기존 판·검·변호사 등)들의 윤리의식 제고와 공익적 활동 강화라는 또 다른 지향점을 가지고 있는 것은 자명한 것이었다. 즉 영·미의 로스쿨제도를 도입하고자 한 취지 중 이러한 영미로스쿨제도의 '법조인의 공익적 활동' 부분에 커다란 유인동기를 느꼈다고 봄 직하다.

미국의 경우,[5] 로스쿨제도가 가장 성공적으로 운용되고 있는 국가로서 잘 알려져 있으며 오랜 로스쿨의 역사를 가지고 있다. 그러나 미국 로스쿨제도와 연계된 공익적인 활동이나 인권적 활동[6]은 1980년대 후반에 들어서 논의되었으며, 1996년에 로스쿨 인가기준Accreditation Standards for Law School이 '모든 로스쿨은 프로보노활동을 권장하고 그 기회를 제공한다'라고 비로소 변경되면서 본격적으로 시작되었다고 하겠다. 1999년 미국 법과대학협회 회장 데보라 로드의『봉사를 위한 배움Leaning to Serve』이라는 책 발간은 미국 로스쿨제도에 있어 큰 반향을 몰고 왔으며 로스쿨에서

수제도, 변호사자격 부여시기 등에 관하여 충분한 토의를 거쳐 구체적으로 결정된 바 없이 2009년부터 시행하려 한 부분 등 제도적 문제점이 여전하다.
5. 이 부분을 발표한 패트리샤 게더 변호사(성균관대 법대 교수)는 충실한 준비와 자료마련으로 가장 인상 깊은 이해를 도왔다.
6. 이미 1930년대부터 하워드 로스쿨의 후튼 교수가 시작했다고 하나 그 시작은 미미한 것이었다.

의 공익·인권 교육의 확대 및 예비법조인의 공익적 활동 촉진의 결과를 가져오게 되었다. 특히 미국 로스쿨의 프로보노[7]에 있어서는 학생자치의 경우보다는 대학이 주관하는 '졸업이수 요건[8]으로서의 공공적 활동'이 두드러져 보인다. 다만 미국변호사협회American Bar Association의 1년 50시간 공익적 활동이 실질적으로 큰 성과를 내지 못하고 있음에 비추어 볼 때, 로스쿨재학생들의 프로보노활동은 실질적인 법률적 성과가 적고 인력·재정지원의 부족, 형식적인 절차진행 등이 문제가 될 여지가 크다. 특히, 로스쿨재학생들의 공익적 활동에는 적극적으로 동의하면서도 실질적인 프로그램을 추진하는 데 소극적인 많은 로스쿨들과, 막대한 대출금에 시달리고 졸업 후 진로에 보다 많은 관심을 가진 로스쿨학생들은 프로보노활동에 대하여 자신의 본업에 상당하는 깊은 인상을 받기는 어려운 것 같다.[9]

영국의 경우에는 변호사들의 공익적 활동으로서 로웍스Law Works라는 단체가 형성되어 있다. 로웍스는 우리나라의 '대한법률구조공단'이라는

---

7. 라틴어의 Pro bono publico(공중의 이익을 위하여)에서 비롯한 Pro Bono 개념.
8. 초반에는 로스쿨 중 10%에 불과한 대학들만 참여하였으나 현재 150여 개 이상의 로스쿨이 이수기준을 정하고 있으며 하버드, 듀크를 비롯한 수많은 대학에서 약 20시간에서 70시간 상당의 사회봉사, 공익활동, 임상(클리닉)체험활동(익스턴쉽) 등을 이수하도록 하고 있다.
9. 이러한 상황에서 데보라 협회장의 '사회에 봉사할 필요성이 현저하다. 직업적인 책임과 의무가 있다'는 식의 정언명제적 논리가 제대로 먹혀들기는 어려울지도 모른다. 또한 데보라 협회장이 주장하는 "1. 수업 중 배운 바를 임상시험 할 수 있는 좋은 계기가 된다. 2. 공익활동경험이 법조직역을 시작하는 데 첫 동기가 되어 직업적 열의를 준다. 3. 앞으로 법률전문직을 하면서도 사회에 후원할 수 있는 능력을 마련하게 해 준다"는 이익이 있으나 큰 설득력을 가지지는 못해 보인다.

형태와 비슷하나 정부의 개입 없이 변호사들과 민간로펌들이 인적·물적으로 후원하여 만든 단체로서 2,500여 변호사들과 5,000명 이상[10]의 로스쿨학생들이 법률지원팀을 꾸려 전국 각지에서 정기적으로 법률구조 활동을 벌이고 있다. 영국에서도 공익적 활동에 대해 '프로보노Pro Bono'라는 명칭을 사용하고 있고 약 12세기 정도까지 그 역사적 기원을 찾고자 하나 실질적 운용은 20년이 채 되지 못하고 있다. 그러나 다행스럽게도 영국 로스쿨의 53%가 공익적 활동을 실시하고 있고 로윅스와의 연계 또한 잘되고 있어 앞으로 기성법조인들과 예비법조인(로스쿨학생)과의 연대를 통한 공익적 활동의 확대가 기대되는 실정이라고 한다. 특히 로스쿨학생들이 로윅스 등의 단체에 참여하거나 로스쿨 자체적인 법률상담기구 및 법률지원센터를 마련하거나 다양한 수준의 법률강좌 강의를 기획하고 이노슨스 프로젝스Innocence Projects, 중범죄자를 위한 변호활동를 다채롭게 진행하고 있는 것이 획기적으로 보인다. 다만 로스쿨들의 공익적, 인권적 강의는 대체로 마련되어 있으나 공익적 활동의 의무(졸업이수기준) 등을 규정한 로스쿨은 많지 않고 학생자발적인 활동에 다소의 인센티브를 부여한다는 점에서 공익활동에 대한 동기부여가 크지 않다는 점이 아쉽다. 또한 영국의 지역적 기반에 그대로 뿌리를 두고 있는 '사회봉사'적 성격이 강하다는 점이나, 체계적이고 조직적인 기관 없이 자발적인 형

---

10. 2006년 통계치이다.

태의 법률상담 위주의 공익적 활동으로서 실질적인 공익활동이 되기에 미흡하다는 점이 있다.

캐나다의 경우를 보자면, 전체적인 공익·인권적인 단체에 대해서는 구체적으로 소명되지 못하였으나 세계 최초의 로스쿨학생자치기구[11]가 전국적으로 활동하고 있다는 것이 캐나다 로스쿨의 현주소를 말해 주고 있다. 1996년 처음으로 토론토법과대학에서 50명으로 시작한 이 단체는 이미 2,000명 이상의 로스쿨생들이 매년 약 12만 시간 이상의 법률서비스를 제공하고 있다. 기관이나 학교 위주의 공익적 활동이 아닌 학생자치활동이면서 전국적인 조직망을 갖추고 있다는 점이 특색이다. 그 외에도 공익적인 법률상담활동 외에 환경·이민·가족(여성)·주거·보건 등 제반 영역에 있어 소외자인권보호에도 앞장서고 있으며 이제는 국가의 보조금을 받는 정식단체로서 그 활동을 넓혀 가고 있다고 한다. PBSC 소속의 코디네이터가 전국 로스쿨의 학생 자치활동을 도와 가며 연계트레이닝 및 연대활동을 계획하고 학생들이 그에 따라 법률상담, 법률강의, 사회적 이슈에 대한 자문 등의 폭넓은 활동을 하고 있다. 이번 세미나 강연자로 나선 팸 샤임 변호사(전 PBSC 소장)는 PBSC의 활동에 대해 커다란 자부심을 표현하였으며 앞으로 더더욱 많은 성장이 예상된다고 하였다. 다만 구체적인 공익적 활동이나 체계적인 구성이 없

---

11. Pro Bono Student Canada의 머리글자를 딴 것으로 보인다.

이 학생자치에 일임하고 한 단체가 이를 관리하고 있는 듯한 외관을 주고 있었던 점이 아쉬움으로 남는다. 또한 대학기관 측 참여나 정부의 지원이 뚜렷하지 않은 상태에서, 학생들의 사회봉사 프로그램으로 운용되고 있지는 않은가 하는 의구심이 들 수밖에 없다.

이러한 3국에 관한 논의는 결국 한국의 로스쿨 운용에 있어 공익·인권 활동이 어떻게 로스쿨제도에 안착할 수 있느냐에 귀결된다. 영·미식의 로스쿨을 수입하고 국민적 여망이 '법조직의 공익적 활동 확대'에 있을진대, 앞으로 대한민국의 로스쿨제도에 뛰어난 법률지식을 갖춘 예비법조인에게 사회적 기대를 적절하게 투입하는 것이 그 관건이라 하겠다. 이번 세미나의 후반부에서는 이러한 점이 논의되었다.

공익변호사 그룹 공감의 조사에 따르자면, 한국 로스쿨 실시예정 대학의 90% 상당이 교육목표에 공익인권법이 포함되어 있으며 각 대학들은 1~2과목 이상, 많게는 12과목 이상을 필수 과목으로 정하고 있다. 그러나 아직 교과목, 교원 선정 외에 구체적인 로스쿨학생들의 활동에 대해서는 가이드라인을 제시하고 있는 학교는 드물고 서울대의 공익인권법센터나 전남대의 가칭 인권법기구(인권정책본부, 인권침해본부, 차별시정본부, 인권교육본부), 영남대의 가칭 인권 분야 인턴십프로그램 등이 제시되고 있는 실정에 불과하다. 특히 국가적인 지원계획이나 기존의 단체들(대한법률구조공단, 국가인권위원회, 대한변호사협회, 민주사회를위한변호사모임 등)과의 연대 가능성을 시사하는 것 외에 현실적인 교육적 연계를 찾기는 어려웠다. 이미 대부분의 대학이 부동산, 기업법, 국제법, 생명의료, 환경, 지적재산권, 과학기술, 금융 등의 실무적 분야에 그 특성화를 두고 있고, 각 대학마다 이러한 특성화를 정착하는 데에도 상당한 시간이 걸릴 것으로 보여 로스쿨에 공익·인권에 관한 제반 프로그램을 요구하기에도 어려운 실정이다. 그 외에 이념적·정치적 활동 외에 사회적 권익에 대한 학생자치 프로그램이 실질적으로 운영되기 어려운 한국적 현실에 비추어 공익·인권 프로그램의 논의는 아직 시기상조일 수 있다.

그럼에도 불구하고, 한국의 로스쿨에 공익·인권적 활동이 시작되고 활성화되리라는 참가자들의 의견이 많았으며 그만큼 국민적인 기대가 크다는 것을 반증하였다. 앞으로 국가와 기존 공익적 단체들의 물적·인적 지원이 필요하다는 점이 절실해 보였으며 대학 측에서도 학생들의 공익적 활동을 배려함과 동시에 법조인으로서의 윤리적 소양과 사회적 책임감을 키워 가는 방향이 모색되었다. 특히, 한국에 관한 논의에 앞서 미국식의 학점 이수제도, 영국식의 로윅스 연계제도, 캐나다식의 학생자치 활동제도 등을 긍정적으로 수용하여 한국의 현실과 정서에 맞는 방안이 모색되어야 할 필요성이 역설되기도 하였다.

특히, 공익인권 등을 특성화로 표방한 대학 외에 다른 대학 20여 곳에서도 전문적인 기술적 인력양성 외에 '탁월한 윤리의식과 직업적 소양을 갖춘 법조전문직'을 육성하는 것이 대한민국 로스쿨제도의 또 다른 과제라는 점을 일깨워 주고 있다.

로스쿨의 사회적 참여를 기대하며

8시간여의 발표·토론은 시종일관 참가자들의 적극적인 참여로 화기애애하였으며 한국 로스쿨의 시행에 대하여 남다른 여망이 고스란히 녹아 있는 좋은 세미나가 되었다. 자리에 동석한 일본의 변호사들도 눈에 띄었는데 로스쿨제도의 본격적인 시행 이전에 공익·인권적 교육에 대해 토론하는 한국의 선진적인 논의에 다소 감탄하는 눈치였다.

점심을 같이한 오카야마 출신의 사까 토모시 변호사는 일본의 로스쿨제도에서 변호사자격시험 합격률이 평균 40% 이하로 떨어지고 있으며 정원의 절반도 못 채우는 대학이 과반이 넘고 있다는 충격적인 사실을 이야기해 주었다.

합격률 3%에 불과한 일본 사법시험을 로스쿨제도로 변환하였으나 로스쿨준비생, 졸업생, 합격생 들이 뒤섞여 기존 법조사회에 자리를 잡지 못하고 있는 현 실정을 토로했다. 일본에서도 공익·인권적 교육 내지 그 활동이 주목받고는 있지만 이러한 현실적인 어려움[12]으로 인하여 큰

---

12. 이른바 일본 로스쿨졸업생의 미래가 보장되지 아니하는 실정에서 공익적 활동이나 소수인 권자 보호 프로그램이 안착되기에는 어렵다는 취지로도 해석된다.

곤란에 빠져 있고, 한국
의 몇몇 대학에서 공익적
활동을 특성화한다는 점
에 큰 기대를 걸 수 있다
는 논지였다.

　앞으로 로스쿨제도가
한국에서 시행되면 대한민국 사회에 어떠한 파장을 몰고 올지는 아직도
예측하기 불가능하다. 미국에서처럼 비싼 학자금을 위해 대출을 받고
좋은 로펌에 취직하여 그 대출금을 상환하는 데 기진맥진하게 되는 로
스쿨 졸업생을 보게 될지, 일본에서처럼 직장생활을 접고 로스쿨에 뛰어
들었다가 암울한 미래에 스스로 포기하는 로스쿨 졸업생을 보게 될지
는 미지수인 것이다.

　한국에서 로스쿨이 정착하여 다양한 경력을 가지고 법률적 소양을
다진 후 공익적 활동을 하는 변호사들과 인권보호를 위해 매진하는 법
조인들이 더욱 많아지리라 예상하는 것은 큰 무리가 없다. 이번 세미나
에서 논의된 대로 '정부기구 공무원, 국제기구 요원, 인권변호사, 사회운
동가' 등의 다양한 진로를 예상할 수 있겠으나, 이번 세미나 토론자[13]의
의견처럼 기존의 법조(판사, 검사)에 공익적인 사고와 인권적 윤리의식을

---

13. 이유정 인하대 교수.

가진 로스쿨졸업생이 보다 많이 배치될 수 있다고 하겠다.

이번 세미나를 통하여 앞으로의 로스쿨제도에 있어 공익적인 법조활동이 기대된다는 점은 이미 명시한 바이다. 그러나 우리는 모든 것을 제도에만 기대할 수는 없다. 앞서 말한 대로, 법조전문직역에 대한 사회적인 기대가 높은 만큼 법조인들(기성법조인들과 예비법조인들을 포함하여)은 사회를 위해 자신의 역량을 펼쳐 보일 필요가 있다. 이 험난한 세상에서 때로는 거센 물살에 휩쓸리는 많은 사람들을 바라보며 무너지지 않는 다리가 되어 사람들을 저 피안으로 건네주는 역할을 우리 법조사회가 할 수 있다면 공익적이든 인권적이든 그 표제 여하를 막론하고 대한민국 사법제도는 그 생명력을 더해 가며 사회를 이끌어 갈 수 있으리라 기대한다. 그것은 우리 법조 스스로의 자정노력과 개선책에 따라 달라질 것이며 대한민국 사회는 앞으로도 줄곧 그러한 한국법조의 공익적 변화를 냉엄히 주시하고 있을 따름이다.

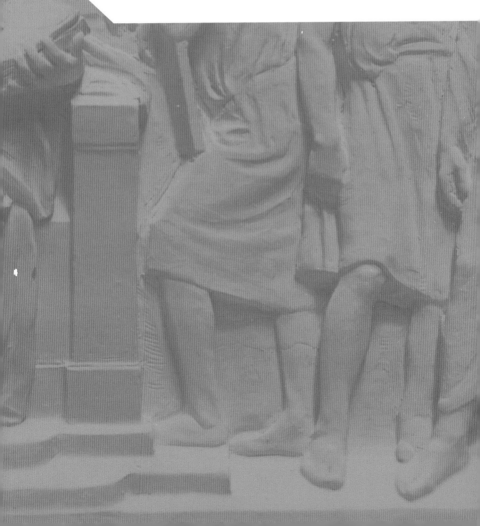

Part 02

로스쿨생을 위한 리걸마인드

리걸마인드의
실전 활용

01. 검찰의 꽃, 특수부를 들여다보다

동경지검 특수부, 사회 정의를 지키는
최후 보루의 아슬아슬한 위기들

추상열일秋霜烈日의 배지

천만 인구의 복잡한 도쿄 시내, 성냥갑
처럼 멋없는 검찰청 건물의 한 층에는 '일
본 검찰의 꽃'이라 불리는 동경지검 특수
부東京地檢 特搜部[1]가 자리하고 있다. 지멘스사
건, 조선의옥사건을 비롯하여 총리구속사
건으로 유명한 록히드사건,[2] 가네마루신
탈세의혹사건 등이 바로 이 동경지검의 특
수부가 '바로잡은 정의'였다.

수많은 국가 중요사건을 처리하
여 명망을 얻은 동경지검

동경지검 특수부는 바바 검사장, 가와이 검사장 등 유명 검사들을 배
출해 내었고 뛰어나고 선진적인 수사기법, 완벽한 준비를 갖춘 공소제
기를 자랑으로 삼았다. 형벌이 엄하고 권위가 있음을 비유하는 말인 '추
상열일'의 슬로건을 가장 충실히 지키며 지위고하를 막론한 엄중한 법적
책임을 규명하였던 동경지검 특수부는 정의를 지키는 최후 보루로서의

---

1. 우리나라에서는 대검찰청 중앙수사부와 서울중앙지검 특수부에서 국가중요사건, 경제인·
   정치인 사건 등을 수사하고 있으나 일본에서는 각 지검단위의 특수부에서 기획수사 및 국
   가중요사건, 사회적 이목사건을 전담하며 오사카나 고베 등에도 특수부가 있으나 동경지검
   특수부는 가장 성과가 높은 기관으로서 규모도 제법 큰 편이다. 우리나라로 치면 대검 중앙
   수사부 정도의 무게감을 주고 있다.
2. 미국의 유명비행기 제작사 록히드가 일본에 전대미문의 비자금을 뿌려 많은 고위직 인사가
   독직한 사건이다. 자민당 일당지배체제를 확고히 한 거물 정치인 前 다나카 수상이 구속되
   었다.

위상을 확고히 하였다.

그러나 빛이 있으면 그림자도 있기 마련이다. 지난 100년의 검찰사를 비추어 볼 때 동경지검은 때때로 사건은폐 의혹 등으로 사회적 망신을 당한 바도 있었으며 정관재계의 로비 등 추문도 많았다. 그 외에 나중에 사건이 무죄로 밝혀지는 등의 허무한 수사결과나 과도한 열의만을 가지고 시작하는 폭로식·투망식 수사도 종종 문제되었다.

2001년에 출간되어 출판계에 큰 주목을 끌었던 우오즈미 아키라 기자의 『도쿄지검 특수부□□□□□□□□□□□』는 바로 이러한 점에 관한 이야기이다. 쉽게 보면 이 책은 특수부의 기획수사가 변질되고 있다는 점을 폭로한 르포다. 특히, 기업어음 사기사건에 연루되었다는 이유로 기소된 다나카□□□ 변호사 사건과 손즈사□의 강제집행 방해사건을 교사하였다는 취지로 기소된 야스다□□□ 변호사[3] 사건을 검토해 보면서, 동경지검 특수부가 야심차게 기획한 수사에 심각한 의문과 일말의 의혹을 던지고 있다.

---

3. 인권운동가이자 사형폐지론으로 유명한 변호사이며 전 세계적인 활동을 벌이고 있다. 그는 손즈사 사건으로 구속되어 재판받게 되었으나 최종적으로 무죄확정판결이 내려졌다. 일본을 주목시킨 이 사건을 통해 동경지검 특수부가 크나큰 곤욕을 치른 것은 분명하다.

"검찰만이 정의이고 나머지는 惡이라는 말인가."[4]

결론부터 말하면 이시바시 200억 상사어음 사기사건으로 유명한 이 사건에서 다나카 변호사의 유죄가 확정되었고 다나카 변호사는 현재(2008) 징역 3년형을 받아 형집행 중이며 변호사 자격이 상실되었다. 이러한 점을 미리 밝혀 둔다.

다나카 모라카즈 변호사는 오사카지검과 동경지검의 특수부 검사로 일한 전력이 있는 인물이었다. 그는 이번 사건을 통해 생전 처음으로 후배들에게 체포되었고 오랜 재판으로 자신의 모든 것을 잃었다. 특수부 엘리트 검사가 '어둠의 세계'의 변호인으로 변질되어 결국 자신이 죄인이 되어 버린 과정은 그 유사한 예가 없을 정도이다.

나가사키 출신으로 고학을 했으며 지방대를 다니던 25세에 재학 중 합격한 입지전적인 인물이 바로 다나카였다. 그는 저자의 평 대로 '비리를 파헤치는 예민한 후각과 컴퓨터와 같은 정밀한 두뇌'를 가진 사람이었다. 그런 그는 검사직을 택했고 16년간 검찰의 요직을 거쳤다. 다나카 검사는 미쯔비시중공 전환사채사건 등으로 오사카에서 특수부 검사로 이름을 날렸고 동경지검 특수부에서도 일했다. 특히, 수사의 주도면밀함보다는 사건 관계자와의 협상에 능했고 따로 정보원을 키우며 수

---

4. '어둠의 수호신'으로 불리며 활동하다 후배들에게 구속되어 피고인이 된 다나카 모라카즈 변호사가 예전에 사석에서 내뱉은 말.

사의 규모와 범위를 자유자재로 정할 줄 아는 면에 밝았다. 동경지검 특수부 재직 시절 자민당국회의원 체포를 시도하다가 바바 부장검사의 수사중단 명령이 내려지자 검찰을 그만두었다.

그런 그가 오사카에서 변호사로 개업하고는 특수부를 적으로 돌리게 되었고 기존의 적들과 친해졌으며 일약 '어둠세계의 수호신'이라고 불리며 승승장구했다. 그는 확실히 변했다. 하지만 변호사로서의 그가 말하는 주장도 일리가 있었다. 다나카는 자신이 몸 바쳐 온 검찰 그리고 특수부조직의 통제된 분위기, 검찰의 '정의'에 대한 의문이 들었던 것이 분명했다. 악당들을 위해서 일하는 것이 정당하냐는 질문에 다나카 변호사는 "그렇다면 정의가 뭐란 말인가. 해치우고 혼내는 것만이 정의인가. 검찰만이 정의이고 나머지는 악이라는 그런 이치가 어디 있단 말인가(책 중에서)"라고 일갈했다.

다나카의 운명을 바꾸게 되는 이시바시 산업사건은 사실상 부실기업의 사주인 이시바시와 정관계 로비브로커인 재일교포 허영중 그리고 어둠속 존재인 야쿠자들이 벌인 어음 사기사건이었다. 그렇다면 다나카의 존재는 무엇이었던가.

본 사건에서 다나카를 변호한 기노시타 변호사는 본 사건의 본질이 회사 수장이 외부인과 범한 특별배임죄(일본 상법)로 구성된 것이 아니라 다른 쪽으로 변질되었다는 부분을 명백히 한 바 있었다. 특히 기노시타 변호사는 "본 사건을 허영중과 이시바시가 공모한 특별배임죄로 입건해도 좋지만 정치인인 나까오 등 정계의 오직을 적발하려는 의도가 있기 때문에 눈에 거슬리는 다나카를 체포하려면 어음사기 사건으로 만들 필요가 있었으리라 생각됩니다(책 중에서)"라고 말했다. 즉 다나카 변호사는 오직 어음을 환가하는 작업에 협조한 조력자임에 불과하지만 동경지검 특수부에서는 다나카의 체포를 통해 일본 정계의 비리를 폭로하는 계기를 마련하려는 '불순한 동기'를 가지고 있었다는 것이다.

물론 이러한 점에 대해 다나카 측의 주장만을 신뢰할 수는 없다. 다만 저자는 상법상의 특별배임죄로 구성하여 그 가담자로 구성하면 될 사건을 '융통어음(신용을 내보이기 위한 어음)'을 활용한 거액의 어음 사기사건으로 부풀려 놓았다는 의혹을 제기하고 있는 것이다. 이러한 입장에서 이 책의 절반가량을 그러한 의혹에 대한 기자다운 면밀한 분석을 거듭한다. 다나카는 어음 사기사건의 공모자로 체포되어 떨떠름한 상태에서 후배 특수부 검사들과 마주하게 되었으며 자신의 무죄를 적극 주장하였다. 특히, 다나카의 주장에 부합할 만한 제반 사정들이 있었고 어음 사기라는 공소사실의 토대는 빈약했으나 이러한 부분은 수사과정에서 고려되지 아니하였고 재판 중에 이시바시 사장 등 제반 증인을 통해 폭로된 바도 있다. 충분한 대가가 이시바시 쪽에 다시 흘러들어 갔고 허영중에게 이시바시 회사가 단순히 돈을 대여해 준 정황도 포착되었기에, 나중에 이러한 미수금 문제가 발생하자 이시바시 측이 허영중과 다나카를 사기공범으로 몰아갔다는 추정도 가능했다. 이런 점에서 이시바시가 맡긴 어음을 이용하여 타 회사 주식을 취득하고 시장에 파는 식으로 이익을 챙겼다는 다나카의 혐의는 부정될 소지도 컸다. 다만 이외에 S라는 야쿠자가 맡긴 이시바시 주식을 다나카와 허영중이 몰래 팔았다는 별도의 공소사실에 대해서는 혐의가 인정되어, 이시바시 어음 사기사건의 혐의를 나쁜 쪽으로 몰아간 부분도 있었다.

저자는 이 어음 사기사건에 대해 아주 혐의가 없다고 할 수는 없지만, 사건 진실발견에 꼭 필요한 내용들이 법정에서 비로소 등장하고 특수부 수사단계에서는 모조리 묻혀 있었다는 점에서 큰 의혹을 제기한다. 그리고 유사한 사례로 삿포로 지검의 가부토사건이나 동경지검 특수부가 사기로 기소한 전 석유상 이즈이 준이치 사건을 든다. 특히, 동경지검 특수부의 이즈이 사건에서 동경지법 재판부가 검찰의 수사방식을 비판하면서 무죄판결을 내리며 "피고인의 행위를 사기의 기망행위로 평가한 일과 피해자가 착오에 빠져 있었느냐에 대한 점에는 중대한 의문이 있는 이상 검찰의 공소사실은 그 증명이 없다"라고 하였던 것을 소개한다. 또한 저자는 90년대 들어 특수부의 수사가 잇따라 무죄가 선고되는 일을 적시하며 법원 측에서 "요즘 동경지검 특수부는 어떻게 되어 버린 거야"라는 일설이 나온다는 방례를 들어 보인다. 저자는 넌지시 다나카사건이 록히드사건 이후로 승승장구하며 가네마루신 사건을 통해 정치권에 큰 타격을 주며 공명을 만방에 떨친 동경지검 특수부의 '오만'에서 비롯한 패착의 일종으로 보고 있다. 저자는 다나카사건을 정리하며 마지막으로 이렇게 서술한다. "90년대 중반부터 검찰은 눈에 띄게 변모했다. 그들을 속박했던 냉전구조는 붕괴하고 자민당과 대장성도 종전과 같은 힘을 잃었다. 이제는 아무것도 그들의 앞을 가로막을 것이 없다. 말하자면 내 세상 돌아왔다고 노래 부르는 동안에, 국가의 질서를 지탱한 사법관서의 자부심이 교만으로 변해서 철저히 진실을 파고드는 정신이 조금씩 상실되어 가고 있었다고 해도 과언이 아니다……(책 중에서)."

"이번 사건은 검찰에 의해서 조작된 사건입니다."[5]

이번 사건도 결론부터 말하면 강제집행방해 교사죄에 대한 야스다 요시히로 변호사[6]의 혐의는 모두 무죄로 밝혀졌고 야스다 변호사는 현재 일본, 한국 등을 오가며 사형폐지에 관하여 활발한 사회활동을 벌이고 있다. 이 사건은 주택금융채권 관리기구[7](이하 주관이라고 칭함), 경시청, 동경지검 특수부가 국가시책을 명목으로 벌인 희대의 해프닝으

---

5. 피고인이 된 야스다 요시히로 변호사의 법정 진술.
6. 전공투세대라 불리던 학생운동의 상징인물이며 인권변호사로 활약했고 옴진리교 가스테러 사건에서 교주를 변호하며 사형반대를 적극 주장해서 화제가 된 인물이다.
7. 은행권이 주택 등 부동산건설 등에 차용해 준 채권을 건네받아 채권 추심활동을 벌이는 공사다. 우리나라로 치면 자산관리공사 정도가 되겠다.

로 끝이 났고 톡톡히 망신을 당했다.

야스다 변호사의 이번 사건은 앞서 언급한 다나카사건보다 왜곡의 정도가 심각한 편이다. 저자는 야스다사건을 통해 주관의 지나친 폭로의도와 검찰의 명예욕을 고발하고 있다. 주관의 사장으로 취임한 나카보 변호사는 채권추심(일명 회수조치)에 전 직원을 독려하고 "1. 우리는 국책을 실천한다. 2. 우리는 정의라는 확신을 갖는다. 3. '대출로 이득을 취하는 일'과 '자산은닉'은 절대로 용서치 않는다는 기개를 갖는다"라고 표어를 내걸었다. 특히, 일본의 부동산버블이 꺼지면서 대출금 회수가 극히 어려워지고 모럴해저드에 기초한 악의적 미변제행위가 늘어나자 주관의 업무는 나날이 바빠졌다. 그런데 여기에서 손즈사라는 부동산 투자회사가 임대료를 은닉하는 방식으로 강제집행을 방해했다는 혐의로 동경지검 특수부는 개입하기 시작했다. 야스다 변호사는 바로 이 손즈사의 임대료 문제에 대해 직접적으로 자문해 준 변호사 역할이었기에 특수부의 수사를 피할 수 없게 된 것이다.

야스다 변호사는 인권변호사로 많은 사회활동을 벌이고 있었으며 평소 남의 일에도 헌신적으로 나서서 도움을 주는 인망가였다. 그런 그가 수익사업 은닉 혐의로 수사를 받아 특수부에 체포되었다면 이건 큰 사회적 뉴스가 될 정도였다. 특히, 제1심이 진행되는 동안 야스다는 계속 구금된 상태에서 16차에 걸친 공판을 받게 되었고 8번이나 보석신청이 기각되고 9차 보석신청이 인용되는 우여곡절을 겪었다. 특수부가 제기한 공소에서 그 공소사실의 요지는 "변호사인 피고인이 평성 5년 2월과 11월경 2회에 걸쳐 그 고문으로 있는 손즈 주식회사의 사장 등과 공모하여 위 회사 소유의 임대빌딩 2동에 관하여 임차인에 대한 임대인의 지위를 위 회사로부터 위장계열회사인 에비스사나 와이드사에 이전한 형태를 취한 다음 임차인 등에 대하여 이후 임대료 등을 위 위장계열사의 은행구좌에 계좌이체 할 것을 요청함으로써 그 자세한 사정을 모르는 임차인 등으로 하여금 평성 8년 9월경까지 합계 약 2억 엔을 계좌이체 하도록 함으로써 강제집행을 면탈할 목적으로 재산을 은닉하였다"는 취지였고 야스다는 이에 혐의를 전부 부인하며 무죄를 주장했다.

특히, 야스다는 수사과정에서 이러한 부분을 강조했다. 첫째, 손즈사가 일본 버블경제의 붕괴에 즈음하여 채무초과로 도산 일보 직전에 있게 되자 야스다 변호사에게 법률자문을 의뢰한 것이다. 둘째, 야스다는 (위장)계열사를 설립하여 손즈사 소속 직원들을 그 소속으로 이적하며, 그 계열사에 위 2동의 빌딩을 일괄임대해 주고, 그 위장계열사가 타에 이를 전대하여 받은 수익으로 종업원들의 급여를 지급하는 식으로 하는 내용의 '분사 서브리즈Sub Lease 구상'이라는 보고서를 만들어 손즈사에 제출한 바 있다. 셋째, 손즈사는 이 보고서에 구체적으로 검토되어 제시된 '통지서' 등의 양식을 사용하여 일괄대여 절차를 마쳤고 손즈사의 채권자들은 위 2동의 건물에 대한 임료채권에 대하여 압류명령을 받아 임차인에게 이를 송달하였으나 일괄대여 절차가 더 빨라진 것뿐이다. 넷째, 야스다가 그 위임사무를 처리함에 있어 강한 의지와 능력을 발휘하기 위하여 까다로운 협상자로서 처신하고 분사 서브리즈 구상과 같은 보고서를 만들어 고객에게 교부하였다고 하더라도 이를 들어 강제집행 면탈의 범행을 교사하였다고 볼 수 없는 것이다.

그러나 이러한 야스다의 주장은 특수부에서 고려대상이 되지 못했고 충분한 대질의 기회를 갖지 못한 채 서둘러 공판에 임하게 되었다. 특히 저자가 강조하는 부분인데, 재판진행과정 중 손즈사의 직원들이 회계를 조작하여 공금을 횡령한 부분이 여실히 드러났고 '회사 임직원의 횡령이나 배임사건 수사가 아닌 동경지검 특수부 검사의 엉뚱한 수사가 여실히 폭로되어 자문 기업을 위해 자신의 법률지식에서 충분한 회생 조언을 거듭한 야스다 변호사의 양심적인 행동이 밝혀졌다는 부분이다. 저자는 이미 특수부 담당검사가 이러한 내막을 눈치챘음에도[8] 야스다와 손 충리(손즈사 대표)에게 범죄를 만드는 데 급급했다고 폭로한다. 처음에 검찰의 공소를 신뢰하는 입장을 보이면서 피고인의 증거인멸우려를 이유로 보석청구를 기각했던 재판부가 나중에는 보석을 인용하게 된 사정도 언급하고 있다. 또한 검찰은 재판진행이 불리해지자 관련자의 진술조서를 새로이 증거로 냈는데, 오히려 이 서류에는 야스다의 무혐의를 인정할 만한 진술들이 기재되어 있었기에 나중에 제출된 같은 사람

---

8. 눈치채지 못했다면 오히려 엘리트 특수부 검사의 자질을 의심할 소지도 생긴다.

의 진술조서와 크게 대비가 되어 증거조작[9]의 의혹도 일게 되었다. 저자는 본 사건의 선고를 앞두고 쓴 본 저서에서 대놓고 '이러한 터무니없는 수사를 진행한 특수부'라면서 모질게 질타하고 있다(물론 야스다 변호사는 무죄가 선고되었다). 주관이라는 공기업이 자신의 분수를 모르고 형사고발의 방식으로 '정의'를 구현하는 요란한 난리굿에 검찰이 방파제 노릇[10]을 못 하고 이에 동조했다는 것을 폭로한다. 또한 야스다는 이제까지 사형폐지나 옴진리교단에 특별법 적용문제로 법무성과 검찰을 등지고 있었으며, 이번 야스다 변호사의 구속으로 옴진리교 가스테러사건의 재판이 신속 진행되는 등의 현실도 있었다고 '음모론'을 거론하고 있다. 이처럼 특수부를 강하게 공격하는 저자가 검찰에 거는 기대는 바로 기본적인 것이었다. "진실을 추구하는 검사로서 수사의 결함은 있어서는 안 되며 그것은 한 사람의 운명뿐만 아니라 사회 전체에도 큰 타격을 줄 수 있다"라는 점이었다.

---

9. 기본틀이 비슷한 동일인에 대한 진술조서에 야스다 변호사가 '조언'했다는 내용이 '지시'했다는 식으로 변경되어 있었다.
10. 이른바 수사기관의 민사불개입원칙을 지칭하는 것으로서 민사적 채무불이행문제를 형사화해서는 안 되며 검찰은 그 방파제 역할을 다해야 한다는 말이다.

정의의 실질적 구현과
사건의 인위적 구성이라는 경계선

흔히 법조계에서 일하다 보면, 듣기 싫지만 듣게 되는 말이 있다. "판사는 사건을 뗀다", "검사는 조서를 꾸민다", "변호사를 돈으로 산다"는 말이 그것이다. 이러한 평들은 다소 과장된 면이 없지 않으나 일반인의 입장에서 볼 때 법조인들에게 이러한 면들이 보인다는 점에서 공감할 부분이 많다. 판사는 법관의 양심에 따라 사건에 대해 신중하고도 현명한 판단을 내려야 하는 이상형에서 벗어나, 사건을 하나의 물건처럼 '해치우는' 대상으로 보려 한다는 평이다. 변호사 또한 정의를 위하여 법조인으로서의 양심을 지키고 때론 멸사봉공(滅私奉公)의 자세로 사건과 당사자에게 최선을 다하여야 함에도 수임료와 성공사례에 집착해 부정한 일도 서슴지 않는다는 쓸쓸한 평이다. 마지막으로 검사는 진술인(피의자 또는 피해자 등 사건관계인)의 진술을 과학적이고 합리적인 신문을 통해 조서에 현출하여야 하는 이상형에서 벗어나, 사건의 유죄를 굳히는 데에 필요한 진술과 자백을 바탕으로 조서를 구성하고 사건과 관련한 제반 진술을 의도적으로 생략시키는 외관을 보인다는 평이다.

'왕의 대관'에서 비롯한 검찰제도는 본고장인 대륙에서 시작하여 일본과 우리나라에서도 수준 있는 준사법기관으로서의 위상을 높여 왔다. 이미 알려진 대로 '지구에서 가장 객관적이고 공정한 기관'이라는 법학자의 말이나 '검사는 어떠한 범죄자도 형벌을 피하지 못하도록 주의할 뿐 아니라 누구도 죄 없이 소추되지 않도록 주의하여야 한다'라는 구^舊베를린특별법의 조항들은 하나같이 '법의 수호자'로서 검사의 역할이 막중하다는 점을 반증한다. 이렇기에 경찰이 있음에도 검찰이 또한 존재하는 것이며 사회의 거악에도 발 벗고 나서서 그러한 부정의를 시정하여야 하는 책무가 있다.

동경지검 특수부, 지금도 일본 검사들이 보직을 원하고 있는 요직 중의 요직이며 '일본 검찰의 꽃'이라고 불린다. 동경지검 특수부는 다른 청, 다른 부서에서는 해결하지 못할 사건도 해결할 능력이 있고 일본 최고의 엘리트 검사들이 모여 매일 밤낮을 범인필벌犯人必罰의 자세로 용맹하게 싸워 온 것도 사실이다. 그러나 이 책에서 들여다본 특수부의 모습은 때론 사건관계자들을 늘리고 사건을 증폭하여 대단한 성과로 세상에 알리고자 하는 부푼 공명심과 사건 자체에 대한 신중한 검토 없이 유죄의 확신만을 가지고 사건을 강행하는 무모함으로 보이기도 한다. 정의의 실질적인 구현과 사건의 인위적인 구성은 맛있는 빵에 핀 곰팡이처럼 같이 다닐 소지가 높다. 하지만 부정의와 비리가 의심되는 사건에 있어 의욕이 넘치고 공명심에 들떠 사건을 호도하고 조작하는 패착敗着을 한다면 수사에 있어 기초적인 정석定石·포석布石만 한 수준도 못 되는 것이다. 이렇기에 크고 맛있지만 곰팡이가 낀 빵을 주기보다는 '신선한 빵을 구워 내놓는' 수사기관의 기본적 자세가 기필코 지켜져야 한다는 점을 시사한다. 물론 범죄사실의 증명이 부족하거나 공판과정 중 예상치 못한 새로운 증거가 나와 무죄가 나오는 경우를 배제할 수는 없다. 그러나 수사과정 중에서 충분히 예측이 가능했던 일말의 의혹을 묻어 두거나 피의자를 포함한 사건관계자의 진술을 검사 나름의 고정된 시각에서 정리해 보려는 시도는 선진 검찰의 모습은 진정 아닐 것이다.

이 책은 어쩌면 저자의 이와나미 문고판『특수 검찰』의 속편이기도 하지만 그 수준은 르포나 가십 정도의 스크랩북 정도이다. 글을 통해 볼 때, 저자는 결코 검찰에 깊은 반감을 가지고 있거나 부정적인 시각을 일관하고 있는 것이 전혀 아니다. 이 책을 통해 저자가 말하고자 하는 바는 저자 스스로 밝히고 있듯이 분명하다. "검사나 변호사나 판사는 나름대로 굳건히 독립하고 서로 비판을 주고받으며 상대가 도를 넘을 때 상호 견제함으로써 비로소 사법의 시스템은 제대로 기능한다. 그것을 잊어버리고 3자가 한패가 되어 국가의 정책에 맞추게 되면 법의 정의는 상실되고 만다(책 후기 중에서)." 결국 이 책을 통해 저자는 검찰에 대해 이성적인 메스를 들이대고 있다. 또한 저자는 국가의 형벌권이라는 중차대한 역할을 가장 첨단에서 진행하는 검찰에서 보다 합리적이고 이성적인 국가관과 수사관을 가지고 범인필벌, 오행계도라는 정의의 깃발을 들어 올렸으면 하는 희망을 내비치고 있다. 아주 당연하게도, 저자는 그 깃발의 기수로서 전 세계가 주목하고 사법정의의 핵심을 자부하는 동경지검의 최첨단 수사팀 '동경지검 특수부'를 꼽고 있는 것이다.

02. 국민참여형사재판의 실제 운용례

국민참여재판 담당변호인 참여기

국민참여재판의 시행

2003년 말부터 본격적으로 시작된 '사법개혁위원회'의 활동은 사법계에 큰 변화를 불러일으킨 것은 분명하다. 이미 김대중 행정부 시절부터 대통령자문기구로 발족된 '사법개혁추진위원회'의 급진적이며 서투른 정책제언 단계에서 큰 고비를 경험한 후, 노무현 행정부에 들어 국무총리 산하기관 '사법개혁위원회'의 정식 출범은 그러한 시행착오를 시정해 가면서 보다 실질적인 개혁적 성과를 내놓은 바 있다. 그중 주목할 만한 것은, 법학전문대학원(로스쿨)의 창설, 국민참여재판(배심제)의 도입, 형사소송법의 대대적 개정(공판중심주의와 피고인인권보호의 확충), 법조윤리의 고양, 고등법원 상고제 및 법조 일원화(개방적 판·검사임용제)의 건의 등을 들 수 있으며 실제 시행되거나 점차 현실화되고 있는 것이라 하겠다.

이러한 개혁 속에서 형사소송법은 1995년의 대대적 개정 이후 2007년 개정을 통해 2008년 1월부터 다시금 큰 변혁을 맞이했고 어느덧 검찰·법원의 인사^{새례}에 대해서도 큰 변화의 바람이 불고 있다.

많은 개혁시도 중에서도 일반 국민들에게 가장 신선하게 다가오는

---

1. 변호사 출신의 법무부장관(강금실 장관), 서열파괴의 검사장 인사, 첫 여성대법관(김영란)·첫 여성헌재재판관(전효숙) 탄생, 학자 출신 대법관(양창수) 탄생, 재야 변호사 출신 감사원장 (한승헌) 등이 그 일면이고 그 외에도 법조에 변화의 바람이 불고 있는 것은 분명하다.

것은 국민참여재판의 시행이라 하겠다.[2] 기존에 판사, 검사의 주도로 모든 형사사건이 주도되었고 단지 변호인의 조력을 받을 수 있었던 형사재판 운용에서 과감히 탈피하여, 일반 국민이 법관에 준하는 자격에서 형사사건의 심리와 판단에 관여한다는 것은 대한민국 사법사司法史의 일대 변혁이라 할 만했다. 현재 8개월 정도의 시행을 경험한 우리 국민참여재판은 아직 유아기幼兒期 단계로서 향후 더욱 많은 시행착오와 경험을 거쳐 안착安着되어야 할 필요가 현저하지만, 이번 참여재판 8개월의 성과에 대한 많은 긍정적인 또는 부정적인 평가가 이어지고 있고[3] 앞으로 기존에 발견되었거나 앞으로 발견되는 미비점이 보완된다면 국민참여재

---

2. 최근 보도에 따르면 "국민 중 응답자 76.1%는 로스쿨제도에 대해서 알고 있으며 제도가 시행되면 '전문법조인 양성으로 법률서비스의 질이 향상될 것(56.6%)'이라고 기대감을 나타냈다. 또 '변호사 수임료 하락(23.3%)', '법조계 비리 부패 감소(17.3%)'도 기대된다고 답했다. 한편 응답자의 74.3%는 국민참여재판제도를 안다고 답했으나, 상당수가 제도의 효과적인 시행과 정착을 위해 '적절한 홍보가 필요하다(43.4%)'고 지적했다. 이 밖에 '국민들에 대한 법교육이 필요하다(32.1%)'는 의견도 상대적으로 높게 나타났다"고 한다(법률신문 박경철 기자 2008년 9월 22일자 보도). 사법개혁의 시도 중 로스쿨제도와 국민참여재판제도가 가장 널리 알려져 있으며 향후 법조계의 변화를 기대하는 분위기이다. 다만 국민참여재판에 대한 홍보부족을 국민 절반 가까이가 꼽고 있는 것이 주목된다.

3. 법원 내의 자체통계에 따르면 국민참여재판에 대한 배심원단의 이해도가 84% 정도이며 배심원단의 만족도가 97%를 상회하는 것으로 조사되었고(2008년 4월 30일 기준) 법조 내에서는 이미 안착에 성공했다는 평이 일반적이다. 그러나 일부 언론에서는(문화일보 기사 2008년 6월 27일 박준희 기자) "재판에 배심원들이 참석하는 '국민참여재판'이 오는 30일로 시행 6개월을 맞는다. 그러나 연착륙에 이르기까지 갈 길이 멀어 보인다. 시작은 비교적 성공적이었지만, '자백 사건'에 국한되면서 국민참여의 도입 취지가 제대로 반영되지 못하고 있다는 지적이 일고 있다"라는 시평을 싣고 있고 최근에는 공판검사의 비판이 주목을 받고 있다. 서울중앙지검 이완규 부부장 검사가 8월 25일 세계법률가대회 발표에서 다음과 같은 주장을 해서 화제가 되었다(다만 이에 대해 성급한 비판이라는 반론도 만만치 않다). 다음은 연합뉴스 보도문이다. "검찰에서 형사재판 업무를 담당하는 공판부의 부부장 검사가 올해부터 시행된 국민참여재판제도에 대해 '필패론必敗論'을 주장했다. 이완규 서울중앙지검 공판1부 부부장 검사는 25~26일 서울 삼성동 코엑스에서 열리는 법률가대회에서 발표할 '형사사법' 분야 토론문을 통해 '현행 국민참여재판제도는 배심원보다 법관을 상위에 두고 있어 실패할 수밖에 없다고 주장했다. 이 부부장은 미리 공개한 토론문에서 '배심제도는 재판

판제도는 큰 성과가 예상되리라 본다.

　이번 보고서는 2008년 6월 17일 인천지방법원에서 열린 제3회 국민참여재판사건의 담당변호인으로서 참여한 필자가 국민참여재판에 관하여 법적으로 고찰한 내용과 국민참여재판의 실제 운용 절차, 인천지법 제3회 국민참여재판(2008고합197사건)에 관한 변호활동을 소개하고자 하는 것이다. 이를 통해 국민참여재판의 제도적 취지, 국민참여재판의 절차 및 진행, 국민참여재판의 실운용례, 국민참여재판의 현존하는 문제점 등을 차분히 살펴보면서, 향후 형사변호인들이 국민참여재판에 능동적으로 참여하여 소기의 변호성과를 달성할 수 있도록 소신껏 안내해 보고자 한다.

권을 법관에서 국민으로 이전하는 것임에도 국민의 대표인 배심원의 결정이 법관의 결정보다 하위에 있는 이상 제대로 된 국민참여재판이 이루어질 수 없다'고 강조했다. 그는 '이 때문에 국민참여재판제도가 국민의 호응을 받지 못하고 있다'며 '시행된 지 6개월 만에 진행된 90건 가운데 37건이 철회됐고 신청 건수도 시간이 갈수록 줄어들고 있다'고 덧붙였다. 특히 그는 '국민은 진짜 배심제를 경험하지도 못하고 배심제와 전혀 다른 '사이비' 배심제도를 경험하고는 이것이 마치 배심제인 것처럼 착각하고 있다'며 그 책임을 법원으로 돌렸다. 그는 '참여정부 당시 청와대 일부 비서관과 자칭 개혁론자들이 '참여'라는 이념하에 이 제도를 밀어붙였고 이들과 함께 사법개혁을 주도한 법원행정처의 일부 판사들이 정권 임기 내에 이 제도를 도입하려고 무리하다 보니 충분한 논의와 검토를 못 했다'고 주장했다."

국민참여재판의 운용과 그 실제

국민참여재판의 의의와 그 근거법령

국민참여재판의 명칭은 기존에 사법개혁추진위원회나 사법개혁위원회 등의 논의 단계에서부터 의견이 분분하였고 특히 '(국민)배심재판', '(국민)참여재판', '국민참여형사재판' 등등이 있었으나, 정식명칭이 된 것은 '국민의형사재판참여에관한법률'[4] [5] 제2조에 따른 '국민참여재판國民參與裁判'이다. 용어에 있어 '배심'이라는 용어가 배제된 것은 역시 배심제의 핵심요소라 할 수 있는 "범죄인부의 독점적 판단권이 배심원단에 있어야 한다"라는 원칙이 현행 참여재판에서는 적용되지 않기 때문이라고 볼 수 있다. 그럼에도 참여재판의 기본틀에 있어서 미국식 배심제The Trial by Jury가 그 중심을 이룬다고 보이며, 이는 참여재판에서 배심원단이 범죄에 대한 심리를 진행하고 배심원단에게 만장일치의 평결을 요구하는 것에서 뚜렷이 확인된다. 또한 참여재판은 배심원들은 범죄의 인부認否와 피고인에 대한 양형을 함께 검토하고 최종적으로 피고인의 양형에 관한 의견을 법원에 개진하는 점에서 독일식 참심제적 요소도 갖추고 있다.

---

4. 이하에서는 '참여재판법'이라고 약칭한다.
5. 최초의 법률안에서 제안이유를 살펴볼 필요가 있다. 제출일 2005. 12. 6. 의안번호 3521 제출자 정부(대표자 법무부장관 천정배), 제안이유는 다음과 같다. "사법의 민주적 정당성을 강화하고 투명성을 제고함으로써 국민으로부터 신뢰받는 사법제도의 확립을 위하여 국민이 형사재판에 참여하는 국민사법참여제도를 도입하도록 함에 따라 동 제도가 적용되는 사건의 범위, 참여하는 배심원의 자격 및 선정절차, 공판준비 및 공판절차, 평결·평의 및 선고와 배심원보호 등에 관한 사항을 정하려는 것임"이라고 한다.

이런 점에서 현행 국민참여재판은 배심제적 요소와 참심제적 요소가 결합[6]되어 있다고 평가되고 있다.[7]

그러므로 우리나라에서 시행되는 참여재판은 배심제나 참심제와는 다른 독특한 내용을 가지고 있는데, 이에 관련하여 국민참여재판에 대한 법적 정의를 살펴볼 필요가 있다. 참여재판법 제2조를 보면 배심원이란 "본법에 따라 형사재판에 참여하도록 선정된 사람"이고 참여재판이란 "위 배심원(본법에 따라 형사재판에 참여하도록 선정된 사람)이 참여하는 재판"이 된다. 이 정의에 비추어 본다면 배심원의 참여에 있어 참여재판법에 따른 선정절차가 미리 진행되어야 함을 암시하고 있고 국민참여재판에 있어서 법원이 주도하고 배심원의 역할은 '참여자'라는 지위로서 참여재판법에 따라 심리·판단에 관여할 수 있을 뿐이라는 해석이 뒤따르게 된다.[8]

국민참여재판에 있어 가장 기본이 되는 근거법령은 형사소송법이다.

---

6. 기존 헌법학자들의 해석상 대한민국 헌법 제27조에서는 배심제는 인정할 소지가 있지만 법률심에 관여하는 참심제는 허용하지 않는다고 하였는데, 이번 국민참여재판에 있어 양형에 관한 의견 개진에 대해서는 그 평가가 아직 내려지지 않고 있다. 다만 국민이 법관주도의 재판에 참여하는 형식으로 법률상으로도 배심원의 평결과 의견은 법원을 기속하지 아니하므로(참여재판법 제46조 제5항) 참심제의 허용이라고 곡해될 소지는 적다. 같은 견해로서는 법무부 법률안 심사보고서(2007. 4.) 5페이지 이하, 안경환·한인섭「배심제와 사법참여」91페이지 이하.
7. 법원행정처 간「국민참여재판의 이해」14페이지 이하. 이에 대해 일부 시각에서는 '짝퉁 배심제'라거나 '무능력한 배심원' 등이라고 평가하기도 한다.
8. 법적 정의치고는 다소 허술하고 순환논리적인 면이 다분히 있다. 즉 참여재판에 참여하는 사람이 배심원이고 그 배심원이 참여하는 재판이 참여재판이라는 것이 곧이곧대로의 해석이다.

국민참여재판 또한 형사재판에 있어 시행되는 것으로서 형사소송법의 기본원리 및 절차가 그대로 적용되어야 하며 형사소송의 이념과 증거법의 기본원리(자백배제법칙, 위법수집증거배제법칙, 전문법칙, 자유심증주의) 등은 그대로 적용되어야 함이 마땅하다. 참여재판법 제4조는 이러한 점을 명징하고 있다. 따라서 국민참여재판이라 하여 형사소송의 다른 절차가 존재한다고 볼 수는 없으며 실제 운용례 또한 그러하다. 다음으로 국민참여재판에 대한 근거법령을 검토하자면, 특별절차법으로서 '국민의형사재판참여에관한법률'(이하 참여재판법)이 있으며 이 법에 따라 우선적으로 재판절차를 진행하게 된다. 본 법은 참여재판 대상사건 및 관할, 배심원의 자격과 선정·해임, 공판준비절차와 공판기일절차, 배심원의 평의·평결 및 판결선고, 배심원 보호절차와 사법참여기획단·국민사법참여위원회 설치 등에 관한 사항, 배심원의 비행과 배심원에 대한 청탁·위협 등에 대한 형사처벌에 관한 사항을 그 주된 내용으로 하고 있다. 국민참여재판을 진행하면서 법적 절차에 있어 주의해야 할 점으로는, 참여재판이 전혀 색다른 형사재판이 아니라 개정된 형사소송법의 공판중심주의적 재판진행이 가장 기본적인 틀로 짜이며 그 외에 참여재판법상의 배심원 선정절차, 배심원의 평의·평결 등의 생소한 절차가 있다는 부분이다. 이하에서는 이 점에 유의하여 구체적으로 국민참여재판의 절차진행을 살펴보도록 한다.

국민참여재판의 실운용례

1. 국민참여재판의 절차 및 진행[9]

국민참여재판의 시행 초기, 법원에
서는 국민참여재판의 소개를 높이고
국민의 권익확대를 위하여 피고인의
신청이 있는 경우 모든 신청에 대해
국민참여재판을 실시하는 방침을 정
한 것으로 보인다.[10]

이러한 취지는 참여재판법 제3조
"누구든지 이 법으로 정하는 바에 따
라 국민참여재판을 받을 권리를 가

진다. 대한민국 국민은 이 법으로 정하는 바에 따라 국민참여재판에 참

여할 권리와 의무를 가진다"라고 규정한 바에 충실한 입장이라 하겠다.

그러므로 현재 시행 초기를 맞이한 국민참여재판에 있어 대상사건에 해

당하는 피고인의 경우, 국민참여재판을 신청하는 경우 그 신청을 존중

---

9. 이에 관하여 참여재판에 대한 개략적인 안내를 하고 있는 대법원 전자민원센터 HOME〉형
사〉국민참여재판 Q&A(http://help.scourt.go.kr/minwon/min_9/min_9_3/index.html)
를 참조할 필요가 있고, 2007년 12월에 법원행정처에서 간행한 『국민참여재판의 이해』라는
단행본이 큰 도움이 된다.
10. 2008년 2월부터 본격적으로 실시되고 있는 국민참여재판은 대상사건 피고인들의 신청이
있는 경우 그 신청을 배제하는 결정을 내린 일이 없다. 특히, 인천에서 필자가 담당한 사건
의 경우 담당 재판부 장OO 부장판사는 "피고인의 신청이 있는 경우 사건에 대한 배제결정
을 내리기보다는 참여재판 실시로 진행하며, 특히 참여재판 신청철회의 경우에도 피고인의
그러한 의사표시는 법적 근거가 없으므로 고려치 아니한다"는 유권해석을 내린 바 있었다.

하여 전 사건에 대해 참여재판을 실시하고 있는 것이다.

국민참여재판은 그 해당 형사사건이 참여재판법에서 정하는 '대상사건'에 해당하여야 한다. 그 대상사건에 대해서는 참여재판법 제5조, 참여재판규칙 제2조에 설시되어 있는데, 사건의 기수범·본범 외에도 교사·방조·미수·예비·음모의 경우뿐만 아니라 참여재판에 병합한 사건(1인이 범한 수죄, 수인이 공동으로 범한 죄, 수인이 동시에 동일한 장소에서 범한 죄, 범인은닉죄·증거인멸죄 등과 본범의 죄)에도 참여재판이 가능하다는 점을 우선적으로 알아 둘 필요가 있다.

현재 국민참여재판 대상사건對象事件을 보자면,[11] 형법상 치상을 제외한 치사·살해 등의 결과가 나온 사건,[12] 특가법·특경법·성폭법·보건범죄단속에관한특별조치법·환경범죄의단속에관한특별조치법의 일부 사건이 이에 해당한다. 특히, 이러한 대상사건이 공소제기 된 경우 법원은 참여재판법 제8조에 따라 대상 피고인에게 절차를 안내하고 통지서를 통해 의사를 확인하여야 하는 바 이러한 필수적 절차를 진행하여 피고인에게 실질적인 절차를 보장해 주고 있다.[13] 그 외에 배제결정이라 하여(참여재

---

11. 구체적으로는 참여재판법 제5조와 참여재판규칙 제2조를 살펴볼 필요가 있으나 일일이 거시하지는 아니한다. 다만 변호인으로서는 해당 피고인이 국민참여재판에 대한 안내서를 교부받았는지 여부를 확인해 보면 참여재판대상사건임을 알 수 있으며 그에 따라 '참여재판 신청을 원하는가'라는 부분을 확인받아 형사변호상담을 진행하도록 할 것이다.
12. 제266조, 제267조, 제268조의 경우와 같이 과실치사상, 업무상 과실치사상, 중과실치사상의 죄는 참여재판을 신청할 수 없다는 점, 강간치상·미성년자간음추행에의한 치상, 강도치상, 해상강도치상의 경우에는 치상의 결과에 대해서도 참여재판 신청이 가능하다.
13. 다만 최근까지 공소제기 된 대상사건 1,275건 중 고작 5.5%만 참여재판이 실시되었다는 통

판법 제9조) 법원이 피고인의 신청을 기각하는 경우가 예정되어 있는데, 배심원·예비배심원·배심원후보자 또는 그 친족의 생명·신체·재산에 대한 침해 또는 침해의 우려가 있어서 출석의 어려움이 있거나 이 법에 따른 직무를 공정하게 수행하지 못할 염려가 있다고 인정되는 경우, 공범관계에 있는 피고인들 중 일부가 국민참여재판을 원하지 아니하여 국민참여재판의 진행에 어려움이 있다고 인정되는 경우, 그 밖에 국민참여재판으로 진행하는 것이 적절하지 아니하다고 인정되는 경우이다. 특히 논의소지가 있는 것은 '적절하지 아니하다'는 경우인데 이는 배심원에게 심리상 과도한 부담을 주는 경우거나 장기간의 재판을 통하여 구체적으로 쟁점이 규명되어야 할 경우 그리고 감정적인 선입견이 강하게 작용하여 공정한 재판을 진행하기 어려운 경우 등을 들 수 있겠다.

이제 국민참여재판의 절차 및 진행에 대하여 본격적인 논의를 진행하도록 하겠다. 우선 다음의 그림[14]을 살펴보면 국민참여재판의 법정구조를 이해할 수 있다.

계가 나와 있다. 당사자의 신청률이 저조하며 철회하는 방향으로 마음을 바꾸는 피고인도 상당수라는 것이 보도내용이다. 법률신문 2008년 9월 3일 류인하 기자.
14. 대법원이 배심원 후보자에게 우편송부 하는 국민참여재판 안내문 속의 삽화이다.

국민참여재판의 재판구조. 이는 개정된 형사소송법에 따른 법정구조를 기본틀로 한다.

〈참여재판기일 대략 2주 전〉

국민참여재판은 공판준비절차(참여재판법 제36조, 제37조)부터 본격적으로 시작된다. 형사소송법에서는 임의적 절차로 여겨지는 공판준비절차는 국민참여재판에 있어 필수적인 절차이며 이는 본격적인 공판 후 배심원 출석을 통한 심리 그리고 법원의 판결이 1일 내지 수일에 끝나게 되는 시간적 한계에 기초한다. 그러므로 공판기일에서의 집중적인 심리를 위하여 공판준비절차를 통한 공소의 방향과 변론의 취지 소명, 각 당사자(검사·피고인)의 증거 신청은 선결적인 문제가 된다.

공판준비기일은 배심원 없이 담당 재판부(3인 모두 출석하지 아니하고 재판장과 주심판사가 나오는 경우가 일반적이나 주심판사가 진행하여도 된다)와 검사 그리고 피고인[15]·변호인이 출석하여 진행한다. 이 공판준비기일까지 검사는 공소사실을 정리하여 공소장을 기제출한 상태여야 하며 변호인은 공소사실에 대한 의견(형사소송법 제266조의 2)을 서면으로 제출하여야 한다. 공판준비절차에서의 핵심은 물적증거의 제출계획을 밝히는 부분, 인적증거(증인)의 신청, 감정·검증 등의 절차신청 등이며 이는 증거법의 일반원리에 따라 증거능력이 부여 또는 배제될 수 있다.

⟨참여재판기일 2주 전부터 2일 전까지⟩

그다음 절차는 배심원 선정에 관한 부분이다.[16] 이는 배심원 선정자격과 배심원 후보예정자에 대한 통지·회신 등에 관한 부분과 배심원 선정기일에 관한 부분으로 나뉘는데, 통상 배심원 선정기일은 공판기일(국민참여재판기일) 당일에 공판개시에 앞서 이루어지고 있으므로 이는 후술하도록 하겠다.

---

15. 개정된 형사소송법의 취지에 따른다면 피고인의 공판준비절차 출석은 의무사항이 아니다 (형소법 제266조의 8 참조). 하지만 출석할 필요는 현저하기에 참여재판 사건의 경우 피고인이 출석하는 관행이 형성되고 있다.
16. 여기에서 확인해야 할 개념정리는 다음과 같다. 배심원 후보예정자는 법원마다 가지고 있는 인적 구성원 명단에 소속된 자이고, 배심원 후보자는 선정기일에 출석하도록 통지받은 자를 의미하며, 배심원은 선정결정을 통하여 최종적으로 선정되어 재판에 참여하는 자를 의미한다.

배심원 후보자는 배심원 후보대상 예정자에게 무작위로 발송되는 것이 통상이며 배심원 후보대상 예정자는 행정안전부의 협조를 얻어 매년 지방법원 관할구역 내에 거주하는 만 20세 이상 국민의 0.3%부터 0.5%까지 범위 내에서 배심원 후보자 명부에 등재될 인원을 정한다.[17] 다만 이러한 대상예정자구성원단은 배심원의 자격 부분에 대하여 아무런 배제가 없기 때문에 법원에서는 참여재판이 시작된 연후에 배심원 후보자 통지에 있어 적격 여부를 판단하게 된다(참여재판법 제23조 배심원 후보자 출석취소통지 하는 절차가 마련되어 있다[18]). 이렇게 구성된 후보자명부 중에서 필요한 수의 배심원 후보자[19]를 무작위 추출방식으로 정하여 선정기일에 출석을 통지하게 되면서 그 선정절차가 시작된다.

배심원의 자격은 참여재판법 제16조에서부터 제20조까지 상세히 기술되어 있는데 기본적인 배제 내용은 다음과 같다. 공직선거법에서와 유사하게 규정된 전과자 결격규정, 직업에 따른 배제사유로서 정무직공무원·법조직 공무원·변호사·법무사·경찰·교정 공무원·군

---

17. 국민참여재판의 접수 및 처리예규 제14조.
18. 물론 법원은 참여재판법 제21조에 따라 검찰, 행정안전부 등 유관기관으로부터 자료를 송부받는데, 가장 중요한 것이 전과 부분에 대한 것이나 현재 직업에 관련한 것으로서 법원사무관 등이 이를 심사하여 출석취소의 절차를 밟게 되는 것이다.
19. 통상 필요한 배심원의 10배수가량에게 통지하게 된다. 즉 예비배심원까지 포함해 10명의 배심원이 필요한 경우 그 선정과정에서 3배수가량이 필요하다고 보면 30명인데 여유 있게 (적격자 심사를 위하여) 50명이 출석해야 하고 통상 배심원 출석률을 50% 정도 예상하고 있으므로 100명에게 통지서를 발송하게 된다.

인·군무원·소방공무원 제외규정, 사건관련자 제척사유로서 피해자 및 이에 준하는 사건관련자 제척규정, 임의적인 면제사유로서 고령자·배심원경험자·직무수행 곤란자 등 면제규정이다. 이러한 규정을 기초로 배제되는 인원은 표본상 그 비중이 적을 뿐만 아니라 사실상 법원 내부에서 참여재판법 제25조상 질문표를 사용하여 제23조에 따라 출석취소라는 절차를 밟게 되므로 선정기일에 출석한 배심원 후보자 중에 이러한 사유를 가진 자를 걱정할 염려가 없다.[20]

〈참여재판기일 1주 전 전후ᵢₐ〉

법원은 배심원 후보자를 정하여 통지하고 배심원 후보자에게 질문표를 송부한다. 후보자는 질문표에 사실대로 기재하여 법원에 제출하게 되며 법원은 이를 기초로 배제의 절차를 밟은 후 선정기일 2일 전까지 배심원 후보자 명단[21]을 검사와 변호인에게 전달하게 된다. 선성기일 2일 전 교부받은 검사와 변호인은 이러한 질문표 회신결과를 기초로 공판기일 당일 배심원 기피신청(참여재판법 제28조, 제30조)에 활용할 소지가 있다. 다만 이번 국민참여재판을 경험한 필자의 소견으로 그 질문표 양식이 현 단계에서는 아직도 미비한 수준

---

20. 만약 출석한 경우에는 재판장이 배심원 후보자에 대한 일반적 설명에 앞서 소송지휘권을 행사하여 이러한 사유들을 열거하고 직권 배제시키는 것이 통상이다.
21. 대략 100명을 넘는 숫자이다.

에 있고 해당자의 불성실하고 간략한 기재로 인하여 크게 도움이 되지 않는 한계가 물론 존재한다.

〈참여재판기일 당일 오전〉

배심원 선정기일에 관한 부분으로, 참여재판법은 제24조 이하를 통하여 선정기일을 진행하도록 하고 있으며 최종적으로 배심원단이 선정될 수 있도록 그 절차가 이루어진다. 법 규정 자체로 보면 배심원 선정기일은 별도로 지정되는 것처럼 보이나(앞서 말한 대로) 공판기일 당일 오전에 약 2시간에 걸쳐 진행되는 것이 통상이고 그 이후부터 본격적인 공판절차가 진행되는 것이 통상이다.[22] 오전에 신속하게 지나가게 마련이지만, 배심원 선정기일은 참여재판의 핵심적인 절차를 이루는 것이다. 특히 변호인으로서는 이제껏 접해 보지 못한 절차로서 낯선 부분이 분명히 있으므로 유의해야 하며, 그 배심원 선정이 사건의 결과에 영향을 미친다고 본다면 배심원 선정에 신중을 기하여야 할 것이다.

법원은 배심원 선정기일을 개시하고 배심원 후보자들을 번호표를 통해 분류하여 무작위로 배심원석에 선발하게 된다. 그 이후 선

---

22. 참여재판은 개정된 형소법에 따라 집중심리를 예정하고 있으며 2·3일에 걸친 공판 또한 예상될 수 있으나 이제껏 2일 이상 소요된 참여재판은 한 건도 없었다. 주최 측(법원·검찰·변호인)의 철저한 준비와 배심원단의 빠른 평결이 그 원인이 되었으리라 본다.

정기일에 참석한 법원(재판부), 검사와 변호인(피고인)은 제28조에 따른 질문을 거치거나 기존 질문표를 토대로 기피신청을 하며 원하는 배심원단을 구성하기 위해 노력한다. 기피신청에는 이유부기피신청 challenge for cause 과 무이유부기피신청 challenge for non cause 두 가지가 있는데, 이 중 잘 활용해야 할 것은 무이유부기피신청이다. 배심원에 대한 인상과 질문결과 등을 기초로 이유를 붙이지 아니하고도 각자의 공판취지나 변론취지에 부합할 수 있는 자를 선정하는 것으로서 9인인 배심원인 경우 각자 5인이 기피 가능한 한정인원이다. 특히, 처음 참여재판을 진행하는 변호인으로서는 2일 전에 교부받은 질문표를 통해 지나치게 많은 배심원을 미리 배제하게 되면 사실상 법정 현장에서 받은 인상이나 대답을 통한 무이유부기피신청의 기회를 상실하게 되므로 유의하여야 한다. 이유부기피신청은 이유를 들어 기피하여야 하는데 미국식의 선입견 先入見 존부가 그 핵심이다. 기본적으로 17조에서 20조에 이르는 사유 그 외에 '불공평한 판단을 할 우려가 있는 사유' 등이 있어야 가능하다.[23] 30분에 상당하는 시간 동안 계속해서 여러 배심원들에게 질문을 하며 본 사건과 유사한 상황에 대한 배심원의 입장을 미리 들어 보는 것이 중요하며(제28조 제1항) 배심원의 나

---

23. 필자가 이유부기피신청을 3회 하였으나 해당 재판부는 이를 모두 기각하였으며 특히 재판부에서 그 기피신청이 이유 없음을 설시하는 절차를 진행한 바 있다.

이와 성별, 직업 등도 크게 고려해야 할 것이다. 이제 법원은 기피절차를 마친 후 배심원과 예비배심원을 선정결정 하여 착석시키고[24] 본격적인 참여재판을 시작하게 된다.

〈참여재판기일 오전 11:00경〉

참여재판의 서두[모두절차]는 각 당사자[25]의 입정 후 재판장의 개정선언이 이어지고 배심원단의 선서[宣誓]로부터 시작한다. 배심원단[26]은 법률준수와 공정한 재판참여에 대한 선서를 하게 되고 재판장으로부터 배심원의 권한과 의무, 재판절차(형사재판 일반에 관한 사항과 국민참여재판절차를 포함한다), 그 밖에 필요한 사항을 설명 듣게 된다[27](참여재판법 제42조). 그 후 재판장은 본 사건에 대한 구체적이지 아니한 개략적인 설명을 곁들이게 되며 향후 검사의 모두진술[冒頭陳述], 변호인의 진술 등을 통해 배심원들은 해당 형사사건의 윤곽을 파악하게 된다.

이제 피고인 인정신문[人定訊問], 검찰의 모두진술(기소요지 진술)을 통

---

24. 물론 예비배심원은 누가 예비배심원인지 알리지 아니한다. 심리에 집중하지 않는 폐해를 방지하게 된다.
25. 검찰, 피고인, 변호인을 포함한다.
26. 배심원과 예비배심원을 포함하는 의미이다.
27. 이에 관해서는 미리 배심원 후보자에게 발송하는 안내문(배심원안내서)을 통해 형사재판의 용어, 국민참여재판의 의의·절차 등을 고지하고 재판 당일에도 상세한 설명서를 따로 교부하여 배심원들의 이해를 돕는다.

해 재판은 시작되며 이에 관해서는 개정된 형사소송절차에 그대로 따르게 되므로 변호인으로서는 큰 부담이 없다. 대략적으로 인정신문, 검찰의 기소요지진술, 피고인·변호인의 모두진술, 증거조사, 증거신청, 증거에 대한 의견진술, 피고인진술, 검사·변호인·피고인의 최종진술 순서로 진행되고 증거조사단계부터는 오후 개정에 다시금 속행된다. 특히 주목할 것은 국민참여재판에서는 참여재판의 실질적 운용을 방해하는 간이공판절차(자백 시 간이한 공판절차로 이행하는 것)가 허용되지 않고 배심원들은 복잡다단한 증거법에 대해 무지한 것이 통상이므로 증거능력에 대한 판단을 할 수 없다는 점이다(참여재판법 제43조, 제44조).

이로써 국민참여재판의 오전 재판은 종결되는 것이 통상이다.

〈참여재판기일 13:30경〉

오후에 들어서서는 본격적인 증거조사가 시작되는데, 그 핵심은 증인신문과 감정인신문, 증거물 제출[28] 등이다. 이러한 절차는 통상의 형사재판 절차와 다를 것이 전혀 없으므로 변호인의 진행이 수월한 편이다. 이러한 증거조사 절차에서는 각자 증거를 제출하여 증거에 관한 의견진술[29]까지 이어지고 법원의 채부 결정이 내려진다. 이

---

28. 필자가 참여한 재판에서는 검사가 범행에 사용된 식칼을 증거로 제시하여 현출하였다.

점에서도 통상과 같다. 다만 배심원단이 증인, 피고인 등을 신문하고자 하는 경우에 재판부의 허락을 얻어 서면으로 신문하게 되며 실제로 배심원단에게 신문의 기회를 부여하는데(참여재판법 제41조, 참여재판규칙 제33조), 이 점이 통상 형사재판과 다르다고 할 만한 점이다. 여담[29]이지만 배심원의 태만으로 즉석 해임되고 예비 배심원으로 교체된 사건[30]도 있었는데, 이는 참여재판법 제32조(배심원의 해임), 제34조(배심원의 추가선정)에 근거한 것이고 재판부는 제45조에 따라 공판절차를 갱신하게 된다.

〈참여재판기일 16:30경〉

증인, 감정인 등의 신문 후(증거조사 절차완료 이후) 피고인 신문이 이어지고 검사, 변호인, 법원의 순서로 신문이 진행된다. 그 후 검찰의 의견진술(형사소송법 제302조)과 변호인의 최후변론(형사소송법 제303조)이 이어지는데, 이러한 최종진술이 참여재판의 백미[白眉]를 이룬다고 해도 과언이 아니다.

통상 참여재판에 있어서, 검찰과 변호인은 공히 화상기를 이용한

---

29. 기본적인 단계로 동의·부동의, 성립인정, 임의성인정 등의 진술이며 서류로 따로 제출하는 것도 무방하다. 부동의하는 증거는 증인으로 신청하여 진술을 직접 청취할 필요가 있다.
30. 2008년 3월 24일에 열린 인천지법 제1회 국민참여재판. 증인신문 도중 계속해서 졸고 있던 20대 여성 배심원이 해임된 바 있다. 그 이후 인천지법에서는 검찰·변호인에게 배심원이 졸지 않도록 진술, 신문방법을 진행하는 것이 좋겠다는 지시도 내려졌다.

프레젠테이션을 활용하게 되는데 이는 시각화된 문서로 자신의 주장을 정리하여 배심원단의 평의를 유리한 방향으로 이끌기 위한 것이라 하겠다. 각 15분씩 허여[註]된 최종진술을 하면서 검찰과 변호인은 배심원과 법원에 사실적 주장, 법리적 의견, 양형 등을 펼치며 배심원단과 법원을 설득하게 된다. 참여재판에 있어 변호인으로서 참석하는 경우, 이 부분(최후변론 발표)에 대한 준비를 철저히 하여 보다 많은 배심원을 확보하고 법원의 판결을 유리하게 가져올 수 있도록 노력해야 할 것이다.

〈참여재판기일 17:00경〉

　모든 증거조사 절차와 최종진술수렴 절차를 마친 재판장은 변론을 종결하게 된다. 재판장은 배심원들에게 공소사실의 요지, 피고인·변호인 주장의 개요, 그 밖에 향후 평의·평결에 있어 전제되는 법률적 판단 시 유의사항 등을 설명하게 되는데 되도록 사실적·법률적 내용을 쉬운 용어로 정리하여 설명해야 한다(참여재판법 제46조, 참여재판규칙 제37조). 설명을 마친 후 재판장은 선고기일을 정하게 된다.[31] 통상 국민참여재판에 있어 선고기일은 따로 잡히지 아니하고 2시간 후 무렵에 다시 재판정에 출정하여 즉일 선고하는 것이 보통이

---

31. 이때 예비배심원을 알려 주며 예비배심원은 평결, 토의에 참여하지 못한다.

다. 즉 당일 변론을 종결하고 퇴정절차를 마친 다음, 배심원들은 평의·평결의 절차를 거쳐 평결을 재판부에 전달하게 되고 이에 관하여 유죄의 평결이 있는 경우에는 재판장과 양형에 관하여 토의하게 된다. 평결은 전원일치가 원칙인 것으로 보이며[32] 만장일치가 아닌 경우 제46조 제3항에 따라 판사의 의견을 들어서 결정하게 된다. 그러고 나서 유죄의 평결이라면 배심원은 양형에 관하여 재판부와 토론하게 되는데, 이러한 평결과 토의는 재판부를 기속하지 아니하는 점이 가장 특징적이다. 아무런 법적 효력을 두지 아니하고 권고효 등에 대한 규정도 없다.

〈참여재판기일 18:30경〉

국민참여재판의 마지막 절차인 판결선고가 내려진다(참여재판법 제48조). 특히, 판결의 선고는 통상의 형사재판의 선고형식(주문主文, 이유理由) 설시 외에도 이유 부분에 피고인·변호인 주장에 대한 판단을 충실히 담고, 이유 하단에 배심원 평결을 포함한다는 점이 특징이다. 배심원 평의의 과정이나 누가 어떤 평결을 했는지는 비공개되는 점도 유의해야 한다(참여재판법 제47조).

---

32. 특히, 필자가 진행한 참여재판의 경우에도 재판부에서 만장일치의 평의를 요구한 바 있으나, 실질적으로 배심원 평결은 살인미수죄(주위적 공소사실)에 대하여 유죄 8명, 무죄 1명이었다.

2. 이상이 필자가 직접 경험하고 형사소송법, 참여재판법의 규정에 따른 국민참여재판의 실제 진행경과이다. 국민참여재판을 직접 경험하면서, 기존 형사소송과 달리 당사자로서 피고인(변호인)의 지위가 격상되고 활동이 넓어졌으며 배심원단을 설득하는 절차를 통해 충분한 사실심리를 받을 수 있는 장점을 확인할 수 있었다. 그 외에도 국민참여재판에 있어, 법원에서는 국민의 법감정과 법의식을 살펴보며 범행에 대해 보다 일반적인 시각을 갖추고 사실심리와 양형을 진행할 수 있었으며, 검찰에서는 '추궁하는 단죄'라는 무기를 버리고 '증거와 주장'을 통한 설득이라는 방편으로 피고인의 죄를 과학적으로 규명하는 새로운 시도를 선보였다. 또한 변호인으로서는 국민참여재판을 통해 유죄의 증거가 부족한 사건에 대하여 집중심리에 부응하여 적극적인 변호활동으로 무죄의 심증을 이끌어 내는 성공사례[33]를 경험하는 한편, 소극적 변호활동에서 벗어나 능동적인 형사변호의 자세를 갖추게 되었다는 점이 큰 성과라 하겠다.

---

33. 인천지법 제1회 국민참여사건, 수원지법 제1회 국민참여재판사건, 대구지법 제3회국민참여재판 외 다수.

인천지방법원 2008고합197(살인미수) 사건의 진행경과 및 선고

필자가 변호인으로 참여한 인천지법 제3회국민참여재판은 동네 지인들 간 말다툼에서 비롯한 사건으로서 살인미수와 상해의 경계가 불분명하다(살인의 고의 유무 판단)는 법리적 쟁점을 가지고 있었던 점이 특징이었다.

대한법률구조공단에 법률구조를 신청한 임○○ 씨는 우유배달원으로 영세하게 살아가는 62세의 가장이었고 대낮에 술에 취해 벌인 일로 인하여 '살인미수'라는 중죄로 처벌받는 것에 대하여 큰 두려움을 느끼고 있었다. 이 사건을 접수한 필자는 사건의 개요를 객관적으로 파악하고, 피해자의 상해상태를 확인했으며,[34] 피고인가족을 통해 합의를 도출해 내도록 독려하였다. 다행히 공판기일 전에 가까스로 피고인과 피해자는 합의에 이르렀고 추후 변호인으로서는 양형에 대한 부담 없이 살인미수의 규율이든 상해의 규율이든 법적 주장에 집중할 수 있게 되었다.

2008년 6월 17일 08:30에 시작된 국민참여재판은 120여 명의 배심원 후보자들 중 10명의 배심원단을 선정한 후 본격적으로 시작되었으며 증인 5명(피해자, 목격자 2인, 수술집도의, 경찰관)의 신문을 마치고 오

---

34. 다행히도 4주 진단이 나왔으며, 혈흉이라는 상해였으나 폐쇄성흉관삽입술을 통하여 3일 입원 후 완쾌되었다.

후 17:00가 넘어서야 변론이 종결되었다. 무려 8시간에 걸쳐 검찰은 범행의 흉기와 상해부위를 기초로 살인의 고의가 있으며, 흉기로 사람의 흉부를 찌른 것에 대한 양형적인 엄단의 필요성을 역설하였고, 이에 반해 변호인은 술에 만취한 상태가 객관적으로 증명되고 상해의 정도가 그리 중하지 아니하여 살인의 고의를 추단하기는 어렵고, 우발적인 범행이며 피해자와 합의한 점에서 양형상 선처를 바란다는 취지로 재판에 임하게 되었다. 당일 19:00에 내려진 선고에서, 담당 재판부[35]는 제반 상황에 비추어 살인의 고의가 인정된다는 취지에서 변호인과 피고인의 무죄 주장을 배척하였으나, 괴로운 일을 겪어 우발적으로 범행을 저질렀고 폭력 전과가 없으며 피해자와 원만하게 합의하였으며 남은 가족의 생계가 막막하고 술에 취한 심신미약 상태에서 범죄를 저지른 것으로 보이는 점 등을 참작하여 집행유예의 선처를 내렸다. 이 사건을 통해 배심원들은 수차례의 평의를 거듭하여 8:1의 유죄 평결을 내렸으며 양형에 있어서도 집행유예의 선처 의견을 낸 것으로 알려졌다. 비록 피고인과 변호인의 무죄 주장이 받아들여지지는 아니하였으나, 피고인이 구금에서 풀려나 법이 허여하는 최대한의 선처를 받게 되었다는 점에서 큰 위안이 되었다.

---

35. 인천지방법원 형사 12부.

국민참여재판에 대한 평가

　국민참여재판은 현재 8개월째를 맞는 초기 단계의 재판형식이다. 대한민국 사법의 새로운 기원을 이룩할지 아니면 법원의 전시적 공연행사에 국민들이 동원될지는 아직도 그 논란이 가시지 않고 있다. 이는 법조계 내에서뿐만 아니라 사회 일반의 평가에서도 논란이 거듭되는데, 그럼에도 불구하고 국민참여재판을 출범시킨 사법부에서는 사법개혁의 의지를 표방하는 한편 국민참여재판에 대한 국민의 기대를 여전히 신뢰하고 있다.

　국민참여재판은 새로이 개정된 공판중심주의적 형사소송 절차를 근간으로 하고 있다. 그에 더 나아가 국민이 배심원으로 참여하고 참심하여 범죄와 형벌에 대해 직접 판단해 볼 수 있는 기회를 열었다는 거시적인 의의를 가지고 있다. 이로써 국민들은 더 이상 형사사건의 대상에 머물러 있는 것이 아니라 국민적인 공감대와 법인식을 바탕으로 대한민국 형사재판의 일원이 되어 그 판단주체로 거듭나게 된 것이며, 앞으로 이러한 재판참여의 계기가 사법불신 해소와 국민법의식 향상에 큰 도움을 줄 것이라는 기대가 커지고 있는 것이다.

　그럼에도 국민참여재판을 현재 상태로 계속 이끌어 나감에는 많은 절차적 무리가 따르고 있다. 첫째, 배심원 후보예정자로 선정된 사람들을 대상으로 한 형사법률교육의 부재다. 전 국민을 대상으로 하지는 않더라도 이미 배심원 후보풀에 속한 사람들이라면 1년에 한 번 형사재판에 관한 교육을 통해 자신에게 다가올 수 있는 배심원의 기회를 충분히 살릴 수 있게 하는 방안이 필요한 것이다. 앞으로 사법참여기획단과 국민사법참여위원회의 활동이 기대된다. 그 외에 검사를 대상으로 하거나 형사변호인을 대상으로 한 참여재판에 관한 절차교육 또한 필요할 것이다. 둘째, 법원 주도의 사건진행이 노골적으로 여전하다는 점이다. 애당초 법원이 기대한 것은 배심원들의 적극적인 참여라고 하겠으나 재판부의 설명이 세세한 반면 배심원들의 활동 제약의 폭이 큰 만큼 법정이든 평의·평결이든 자신들의 의견을 다양하고 소신 있게 표출하기 어렵다. 재판진행을 법원이 독점하는 동안 배심원들은 무료하게 마냥 지켜보는 관객으로 머무를 뿐이다. 셋째, 배심원들의 판단에 법원이 기속되지 않는다는 점도 큰 문제로 남는다. 물론 논리적으로만 따진다면 법관에 의한 재판이 아니라는 점에서 위헌소지라는 부담도 안고 있지만, 한낱 권고효도 갖지 못하고 의견제시에 불과한 것이 배심원 평결과 토의의 실상이라면 대한민국 국민참여재판에는 전시행정이라는 커다란 한계가 현존한다 하겠다.[36] 넷째, 국민참여재판을 악용하거나 무지한 피고인도 문제점이 있다. 최근 필자가 접수한 3건의 형사사건도 극악무도한 범죄라고 볼 수 있는 사건임에도 모두 국민참여재판 신청을

---

36. 이에 대해 서울 중앙지검 이완규 검사는 "사이비 배심제로 국민들이 기망당하고 있다"라는 과격한 언사도 서슴지 않는다.

원하고 있었는데 하나같이 "조금이나마 선처받기 위해서……", "○○재판부는 피해야 하니까" 등등의 답변이었다. 즉 국민참여재판을 신청하게 되면 특정재판부에서 재판을 하게 되고 나중에 참여재판의 배제나 철회가 이루어지더라도 그대로 그 재판부에서 재판하게 되는 점을 악용하여 엄한 양형을 가진 재판부를 의도적으로 피하는 수단이 되고 있는 것이다. 그 밖에 국민참여재판의 참여에 대하여 무지한 피고인들이 산재한다는 점도 큰 문제다. 공소장에 같이 딸려온 참여재판 안내문을 잘 읽지도 않고 소홀히 하거나 참여재판이 어떻게 진행되는지 전혀 모르며 재판부에 반성문만을 반복해서 제출하는 피고인들에 대해 변호인이 변론방향을 정하기가 쉽지 않다. 이는 사법부의 안내와 변호인의 설명이 부족하다는 점에서 비롯한 것일 수 있겠고, 앞으로 국민참여재판의 실질화를 위해 개선될 필요가 현저하다.

이러한 여러 문제점에도 불구하고, '국민의형사재판참여에관한법률'의 제정 그리고 국민참여재판의 전국적인 시행은 이미 대한민국 사법부의 일대 변혁을 가져왔다고 할 수 있다. 또한 국민참여재판은 새롭게 개정된 신 형사소송법에 따른 '새로운 형사소송 절차'에 가장 충실한 형태로 그 절차적 정당성을 부여받고 있다는 점에서 주목된다. 이상의 논의를 통해 국민참여재판의 제도적 취지와 절차를 살펴보면서, 국민참여재판이 다소 복잡하고 생소한 절차임에도 그 제도적 이상은 국민권익의 향상과 형사재판 절차의 선진화였다는 점을 인식할 수 있었다. 이제 국민참여재판이 유아기를 벗어나 차차 이상적인 성숙에 다가설 수 있도록 법조삼륜이 나날이 노력할 필요가 있다.

　가난하고 외로운 사람들을 위하여 봉사의 자세를 다하고 사회의 어두운 곳을 비추어 꿈과 희망을 심어 주는 대한법률구조공단 소속 형사변호인으로서 이번 인천지방법원 제3회 국민참여재판에 참여한 것을 큰 기쁨으로 생각한다. 특히, 이번 보고서를 통하여 국민참여재판에 관하여 전반적으로 살펴보면서 이러한 논의를 동료 법조인들과 공유하고 향후 형사변호인들이 보다 실질적인 형사구조 활동을 진행할 수 있었으면 하는 바이다.

덧붙이는 말

*본 사건의 선고 후 지방 언론에 실린 기사를 소개한다.

《국선·법률구조 변호 '활약 대단' [경기일보 2008-6-20]》

국민참여재판에서 국선 또는 법률구조공단 변호인들의 활약이 돋보이고 있다. 피고인들의 무료 변론을 맡은 변호인들이 기대 이상의 성과(?)를 보여 주고 있기 때문이다. 19일 인천지법에 따르면 국민참여재판이 올해 처음 도입된 후 인천지법에서는 지난 3월 24일 상해치사 사건을 시작으로 강도상해, 살인미수 등 모두 3건이 참여재판으로 이뤄졌다. 그러나 무엇보다 3차례에 걸친 국민참여재판에서 단연 눈길을 끈 것은 1, 3차 사건이 모두 변호인의 무료변론이라는 점. 첫 참여재판에서는 국선변호인이 참여해 상해치사 혐의로 기소된 피고인에게 무죄를 끌어냈고, 세 번째 살인미수 사건은 법률구조공단 변호사들이 변론을 맡아 유죄가 인정된 상황에서도 비교적 가벼운 형량인 집행유예를 받아 냈다. 상해치사 사건은 유무죄 다툼이 치열했는데도 불구하고 배심원단이 만장일치로 무죄를 평결한 경우, 그만큼 변호인의 무죄입증 변론이 뛰어났다는 해석이 따른다. 이 사건을 맡은 장정언 국선변호사는 숨진 피해자의 부검결과를 내세워 "피고인이 A 씨의 가슴을 한 차례 발로 찼는데 어떻게 여러 개의 멍 자국이 발견되느냐"며 A 씨가 다른 외부적 요인에 의해 사망했을 가능성을 배심원들에게 충분히 설득했다. 또 지난 17일 열린 살인미수 사건의 경우 배심원 9명 중 8명이 유죄 의견을 냈고 재판부도 살인의 고의를 인정했지만 판결은 징역 2년 6개월에 집행유예 3년이 선고돼 양형이 상당히 관대했다는 평이다. 이날 무료변론에 나선 **대한법률구조공단 인천지부의 유재원 공익법무관은 "배심원들에게 '살인미수'와 '상해죄'를 명확히 구분해 무죄를 설명하기가 쉽지 않았지만, 살인미수죄가 인정된 상황에서 집행유예가 선고된 점은 만족스럽게 생각한다"고 말했다.** 이와 관련 인천지법 관계자는 "단시간 내 재판의 집중력을 요구하기가 쉽지 않으나 무료 변호인들이 배심원들을 잘 설득해 나가는 것 같다"며 "이런 추세라면 국선변호인들의 선임이 계속 늘지 않겠느냐"고 기대감을 전했다.

《경기일보 박혜숙 기자 phs@kgib.co.kr》

03. 형사 변론요지서의 새로운 모델

한 사람을 위한 두 개의 변론요지서

그 '한 사람'을 만나게 되며

두 여자가 찾아와 마냥 울기만 했다. '귀도 안 들리는 애가 큰 범죄를 저질러서 죽으려고 하니 살려 달라'는 취지였다. 2007년 4월 초, 서울고 검에서 국가송무를 담당하다 대구 법률구조공단에 와서 맡게 된 첫 형사사건이었다.

29세 여성, 3급청각장애인, 생활보호대상자, 2007년 1월 말 일어난 살인미수 범행으로 현재 대구구치소 수감 중, 검거 전 자해로 인해 왼쪽 손목 신경절단 후 임시 봉합상태. 이것이 그 한 여자에 대해 변호인이 알 수 있었던 전부였다. 4년여 동안 사귄 애인으로부터 헤어지자는 말을 듣고 격분하여 등과 배를 2회 찌른 사건으로 결코 그 범정이 가볍다고 볼 수 없었으며 사건 자체에서 조금도 무죄나 정상참작 될 사항이 보이지 않는 암담한 장막 속에 놓여 있었다.

이후 피고인의 가족을 접견하고 피고인을 만나 전후 사정을 듣게 되면서 그 검은 장막은 서서히 걷히기 시작했다. 희망이 보이기 시작했던 것이다.

이에 변호인은 다음과 같은 정황을 포착하여 법률구조를 진행하였다. 첫째, 범행의 주된 배경은 치정관계로서 결국 피해자의 유책요인이 현저하다는 것이었다. 계획된 살인범행이 아니라 변심한 애인에 대한 우발적인 과격행동에서 본 사건이 시작한다는 점이었다. 둘째, 본 사건은 살인인지 단순 상해인지 또한 그 경계가 불명하다는 점이 있었다. 즉 '죽이겠다'라는 말을 한 부분에 대해 피고인과 피해자의 진술이 서로 엇갈리고 급소 외의 부위를 2회 찔러 3주 정도의 진단 상해를 입힌 것을 과연 살인미수로 규율해야 하는 것인가라는 부분이었다. 셋째, 피고인이 초범이고 평소 선한 행동으로 30년의 삶을 살아왔다는 부분도 고려되었다. 넷째, 피고인은 장애인으로서 가정형편이 열악하고 간질환을 앓는 아버지와 백내장을 앓는 어머니 그리고 청각장애자인 오빠 내외와 조카(만 2살), 관절손상을 입은 여동생 등과 함께 지냈다는 정황이 있었다. 이런 점은 대한법률구조공단이 지향하는 '사회의 어두운 곳에서 생활하는 극빈·불우한 대상자 구호'의 요건에 적극적으로 고려될 수 있는 것이었다.

사건의 개요를 보자면 다음과 같다.

〈이 사건은 치정관계에서 비롯하여 피고인이 우발적으로 피해자 박○○을 칼로 찌르게 된 사안이었다. 무려 4년여 동안을 연인관계로 지내며 2번의 임신중절을 하는 동안 피고인과 피해자의 관계는 발전되지 못하였고 결국 피해자의 일방적인 결별선언으로 장애인인 피고인은 큰 앙심을 품게 되었다. 사건 당일 2007년 1월 29일경 같이 밤을 보낸 피고인과 피해자는 아침까지 그러한 관계를 호전시키지 못하였으며 결국 피고인이 부엌에 있던 식칼로 자고 있던 피해자를 2회 찌르게 되었고 곧 피고인은 검거되었다.

사건 조사과정에서 중증 청각장애인인 피고인은 보청기가 고장 난 상태로 오랜 신문을 받아야 했으며 수사기관이 진술하는 것을 단지 동조하는 소극적인 대응을 하였고 이에 반해 정상인인 피해자는 피해상황을 다소 과장되게 진술하는 모습을 보였다. 결국 폭력행위등처벌에관한법률위반(흉기휴대상해)에서 살인미수로 수사는 확대되었고 검사는 살인미수로 공소를 제기하였다.〉

제1심이 진행되는 동안 변호인은 여러모로 본 사건을 바라보았다. 일단 전임법무관이 증거동의한 부분에 대해서는 다시금 문제 삼지 아니하고 자신의 범행을 자백하는 쪽으로 방향을 잡았다. 다만 살인의 고의가 명백하지 않고 그에 반대되는 추정이 가능하다는 취지로 변론을 폈다. 그 외에 피고인은 피해자 측과 반 동거생활을 했으면서도 상대 피해남자에게 합의를 제의하지도 못하는 사정에 직면했다. 피해자가 그만큼 피고인을 두려워함과 동시에 깊은 배신감을 느끼고 있었던 것이다. 이에 본 변호인은 피해자와 적극적인 연락을 통해 피해자를 안심시키고 치료에 협조하였으며 결국 검찰구형 11년이라는 공판이 결심된 후 피해자 측과 피고인은 합의에 이르렀다. 이에 제1심 재판부는 여러 사정을 참작하여 징역 3년에 집행유예 4년의 선처를 하게 되었다.

이후 검찰 측은 항소하여 범행의 잔혹성, 반성의 부존재 등으로 양형

부당을 다투었으나 대구고등법원은 이를 배척하고 제1심의 판단을 존중하는 한편 검사의 항소를 기각하여 본 사건은 확정되었다. 이제 피고인은 사회에 나와 다시금 밝은 빛을 볼 수 있었으며 손목신경절단의 회복치료를 받고 청각장애질환을 치료받으며 심신을 요양 중에 있다.

본 사건에 있어서, 제1심 공판 중 검사구형 11년은 재판부로 하여금 집행유예의 선처가 불가능할 정도로 강력한 구형이었으며 변호인은 재판부에 거듭된 탄원을 올리고 또한 변론을 충실히 하여 집행유예의 판결을 받을 수 있었고, 제2심에서도 검사의 항소이유를 논리적으로 반박하고 양형에 관한 소신 있는 의견을 제시하여 검사의 항소를 기각받게 되었다.

이에 부족한 서면이지만, 아래에서 본 사건에서 그 억울한 한 사람을 위한 두 개의 변론요지서를 소개한다.

'첫' 변론요지서(제1심)

변론요지서

사건: 대구지방법원 2007고합○○

피고인: 문○○

위 사건에 관하여 피고인의 변호인 공익법무관 유재원은 다음과 같이 피고인을 변호하고자 합니다.

본 사건의 변호인으로서, 마지막으로 말씀드릴 것이 있다면 피고인을 위한 선처[善處]에 관한 것입니다. 옛이야기를 전하자면(요한복음 8장에 있는 이야기인데 이를 인용하도록 하겠습니다), 바리새인과 서기관들이 예수님 앞으로 음행을 범한 여자를 데려와 판단을 내려 보라고 하였습니다. 모세의 율법, 즉 하나님의 율법에 따르면 '음행을 범한 자는 돌로 쳐 죽인다'라고 되어 있었으므로 판관의 자리에 선 예수님은 고민하지 않을 수 없었습니다. 하지만 인간의 속죄와 그 회개에 큰 가치를 두었던 예수께서는 섣불리 그 율법에 따라 돌로 쳐 죽이는 사형을 내릴 수 없었던 것입니다. 그러자 예수께서는 돌을 들고 있는 사람들에게 다가가 "여기 죄 있는 여자가 있다. 하지만 이곳에서 죄 없는 사람이 있다면 이 여자에게 돌을 던져라"라고 하십니다. 그러자 그에 감화된 사람들이 돌을 내려놓고 그 자리를 떠납니다. 그 후 예수께서는 온갖 고문으로 초췌해진 여인에게 다가가 '다시는 이와 같은 죄를 범치 마라'고 엄히 훈계하시며 커다란 '사랑의' 판결을 내리게 됩니다.

지금 본 사건에 있어서도 '죄 있는 한 여자'가 있습니다. 하지만 연상의 여인으로서, 사랑하던 한 연하의 남자를 애틋하게 여겨 오다 '헤어지자'라는 이야기에 큰 충격을 받아 우발적인 범행을 저지른 안타까운 사정이 있습니다. 대한민국 검찰의 공소는 '살인미수'라 하여 마치 살인을 준비하고 계획하고 그 충분한 동기를 가진 후 본 사건 범행을 저지른 것처럼 되어 있으나 이에 대한 충분한 증거는 존재치 않고 오직 피해자 박○○의 진술에 의존하고 있습니다. 경찰의 초동 수사단계부터 폭처법위반 사건으로 진행되었던 사건을 박○○의 진술 하나로 살인미수로 변질되어 가는 것이 안타깝게 비칩니다.

그러나 형사 변호인은 실체적 진실발견도 중요한 임무이겠지만 그보다 먼저 피고인의 권익보호에 애써야 한다는 점을 잘 알고 있습니다. 본 변호인은, 애인의 변심에 앙심을 품고 칼로 찌른 '상해'라는 진실이 분명 존재한다는 믿음이 있습니다. 그러나 현재 대한민국 검찰이 주장하는 '살인미수'에 대한 '진실을 향해서' 본 변호인이 계속 그 변호활동을 계속한다면 손목신경절단으로 왼손을 못 쓰고 있으면서도 차디찬 구치소의 방 한편에서 구금상태에 있는 피고인을 계속 구금의 몸으로 내버려 둘 수밖에 없다는 큰 딜레마에 빠져 있습니다.

존경하는 재판장님! 이제 피고인의 변호인은 재판장님의 현명한 판단만을 기다리고 있습니다. '상해'라는 진실보다 '살인미수'라는 과장된 범죄로 엄히 단죄를 받으라 한다면, 다만 그것이 감금상태에서 하루빨리 벗어나 피고인의 권익에 조금이라도 부조할 수 있는 단 하나의 빛이 될 수 있다면, 이에 겸허히 그 죄를 청해 받도록 하겠습니다.

본 변호인은 죄 있는 여인에게 돌을 던지라는 '율법'과 죄를 뉘우친 자에게 새 빛을 전하라는 '사랑' 사이에서 고뇌한 예수님의 옛 모습이 떠오릅니다. 율법에 근거해 피고인에게 살인미수의 중죄를 구형하고 있는 검찰의 공명정대한 입장을 본 변호인도 모르는 바 아니나, 죄를 회오하고 있는 한 여인에게 남은 삶을 위한 하나의 빛을 전해 주는 사랑 또한 우리 대한민국 법조에서 꼭 필요하다는 생각을 하고 있습니다. 현명하신 재판장님의 '사랑'의 판결을 기대하고자 하오며 이상 변론요지서를 마칩니다.

'두 번째' 변론요지서(제2심)

변론요지서

사건: 대구고등법원 2007노○○

피고인: 문○○

(서두와 본문은 본 사건에 있어 제1심법원판단에 대한 정당성을 주장하고 양형부당을 이유로 하는 검찰의 항소이유가 부당하다는 점을 법리적으로 반박하였고 아랫부분은 그 결론이다.)

결론

나중에 영화로 만들어져 큰 주목을 받았던 소설『빠삐용』에서 주인공 빠삐용은 자신이 살인죄로 억울하게 판결을 받아 이렇게 무기징역형을 살고 있다는 생각에 사로잡혀 있

었습니다. 어느 날 가혹한 구금생활 중 그는 꿈을 꾸게 됩니다. 사막한가운데를 걷고 있는 빠삐용에게 검은 옷을 입은 심판자들이 나타나서 "당신은 유죄"라고 말합니다. 그러자 빠삐용은 "제가 도대체 무슨 죄가 있는 것입니까?Papillon asked what crime is was"라고 항변하였고 그에게 돌아온 냉정한 대답은 "바로 너에겐 인생을 낭비한 죄가 있다The Crime of a wasted life"라는 것이었습니다.

젊은이에게 있어 '사랑의 상처'는 그 어떤 것으로도 치유될 수 없을 만큼 치명적인 중독상태에 이르게 합니다. 물론 충분히 머리가 커져 정신적인 성숙이 마련되었다면 그러한 중독에서 조금씩 해소될 수 있을 것이나, 대부분의 젊은이들의 영적 수준은 그에 못 미칩니다. 이런 중독상태에서 때론 급하게 때론 격정적으로 상황을 해결하려는 젊은이들의 천박한 행동은 바로 본 사건과 같은 우발적 범행을 빚어 내기도 하는 것입니다. 이러한 돌발행동에 대해 우리 대한민국 사회는 냉정히 사건 당사자의 정신적인 수준을 검증하고 돌발적이고 과격한 행동을 보이는 것에 대하여 과감히 그 책임을 추궁해야 함이 마땅합니다. 그런 연후에 개인에게는 특별예방의 형벌효과를, 사회에는 소극·적극 일반예방의 형벌효과를 가져올 수 있는 것입니다.

다만 사회는 그 구성원인 개인과 떨어지려 해도 떨어질 수 없는 필연적인 연관관계를 맺고 있는 공동체이므로 개인에게 범죄, 형벌에 관한 판단을 가하는 것으로 족하지 아니하고 개인에게 다시금 재생의 기회를 부여하는 것이 반드시 필요하다 할 것입니다. 사회 또한 이러한 개인의 행위에 대한 일말의 책임이 있고 이 개인의 재범행을 방지할 책임을 부담하고 있기 때문입니다.

적절한 형벌을 통해 사회가 위험인자를 가진 범죄인을 격려하고 무력화하는 것은 지극히 타당합니다. 그러나 그런 위험인자를 충분히 줄여 갈 수 있고 또한 자신의 정신적인 수준을 점차 높이려는 의지를 가진 사람에 대하여 엄중한 형벌을 내리는 것은 바로 사회가 다시금 위 사람에 대해 '인생을 낭비하는 죄'를 범하게끔 하는 것이라 하겠습니다.

영화 주인공 빠삐용은 절도, 폭행, 살인 등의 혐의를 받아 많은 구류생활로 소중한 젊은 날을 낭비한 죄인이었습니다. 빠삐용 자신의 범행은 물론 큰 죄책을 물어 마땅한 것이기는 하나, 1900년대 초 당시 유럽사회의 형벌이 매우 엄격, 엄중한 것으로 인하여 죄인에게 계속하여 무리한 징역, 구금형을 선고하였고 결국 그러한 사법 현실이 빠삐용의 '인생 낭비죄'에 다시금 일조한 부분 또한 존재한다 하겠습니다. 어느덧 많은 시간이 흘러, 선진사회에 진입한 대한민국에서 사법부는 범죄에 대한 적절한 형벌을 실현하고 죄인의 재사회화의 기회를 다각도로 모색하고 있습니다. 바로 죄를 인정하고 그 책임을 겸허히 받으려 하는 죄인에 대해 적절한 죄책을 묻고 다시금 죄를 범하지 아니하리라는 신중한 확신에 의거하여 '재사회화'의 소중한 기회를 부여하는 것이라 하겠습니다.

피고인 문○○은 살인미수의 중죄를 저질렀다고 하여 법원의 엄정한 판단을 받은 바 있습니다. 다만 여러 가지 증빙자료, 고려사유 등의 사정을 참작하여 검사의 구형을 나름 존중한 후 제1심 판결을 내린 바 있고 '새사람으로 거듭나기를 기원하는' 취지로 집행유예의 선처를 하였습니다. 이는 바로 이미 한 남자와 지나친 정도의 애정관계로 인하여 4년여의 인생을 낭비하고 결국 중죄를 저지른 죄를 문책한 바 있으나, 그 어둑한 형벌이 내려지던 시절 빠뻐용과 같이 '인생을 다시금 낭비하는 죄'를 범하지 않도록 현명하고 신중한 판단을 내릴 것이라고 믿고 싶습니다.

　피고인 문○○의 교화와 개선은 현재 중한 형벌을 내려 더더욱 단죄할 부분에 있는 것이 아니라 바로 피고인 자신의 자아성찰과 법무부 보호관찰제도의 실질적인 운용에 달려 있는 것이라 하겠고, 평소 발견하지 못하였던 과격한 성품을 잘 다스려 다시금 사회에 일조하는 사회인이 되어야 하겠으며 그러한 결과를 본 변호인은 예상하고 싶습니다. 피해자와 사회에 누를 끼친 부분에 대하여 피고인은 큰 죄를 지었으며 그러한 사실을 깊이 뉘우치고 앞으로 새사람으로 거듭나야 할 것이 마땅합니다. 이제 대구고등법원 제2심 재판부의 판단이 남아 있습니다. 존경하는 재판부의 아량 있는 판단을 기대하고자 합니다.

세상에 한 사람이 다시금 나아가는 것을 바라보며

다시 이 이야기로 돌아가 끝을 내야겠다.

살인미수라는 범죄는 결코 작은 것이 아니다. 사람의 생명은 전 지구보다도 무겁고 우주의 별보다도 빛나는 고귀한 것이기에, 생명을 해치는 그 어떤 범죄도 쉽게 용서를 받을 수는 없다. 그러나 "시의적절한 말은 은쟁반에 아로새긴 금사과와 같다(성경 잠언)"처럼 "적정한 형벌은 죄인에게는 새 삶의 기회이며 사회에게는 든든한 돌담"과 같은 가치를 지닌다. 즉 모든 형벌은 적정하게 내려져야 하며 그 재범가능성 또한 크게 참작되어야 한다. 따라서 재범의 가능성이 없고 단지 악화된 상황에서 우발적으로 범한 범죄자였던 피고인 문○○의 경우 대구지방법원 형사합의부의 선처로 새 희망을 찾게 되었으며 새사람으로 거듭나 사회에 일조하는 건전한 사회인으로 될 것을 기대할 수 있게 되었다. 사실 본 변호인의 노력이 큰 성과라고 할 것은 없으나, 본 사건 변호를 통해 한 사람의 인생에 새 빛을 부여하고 피해자구호에도 애썼다는 점에 대해 다소나마의 위안을 삼고자 한다.

이제 피고인이 젊은이로서 사랑의 상처를 치유하고 더 큰 생각으로 세상을 보듬는 사람으로 거듭나길 기원하며 세상의 밝은 햇빛과 자유로운 공기가 주는 소중한 가치를 깨닫고 사회에 일조하는 사람으로 오롯이 설 수 있기를 진심으로 기대해 본다.

04. 헌법소원심판청구의 실례

치료감호법 제4조 위헌소원사건

(헌법재판소 2008헌마622)

본 사건은 2008년 필자가 공익법무관으로 재직하며 제기한 헌법소원사건으로서, 마약중독자에 대한 국가의 치료의무를 부각하며 보안처분의 적용 촉구를 구하는 내용을 담고 있다. 그런 논리에서 헌법의 원칙, 기본권에 위배되는 치료감호법의 '치료감호에 대한 검사의 독점청구조항'이 위헌이라고 주장한 바 있다. 이제 사건개요와 내용을 기술하는 것보다 헌법소원청구서 원문을 게재하여 독자들의 신선한 실무감각을 유발할 생각이다.

헌법소원심판청구서

사건번호   헌법재판소 2008헌마622 치료감호법 제4조 위헌확인소원

청 구 인   김○○(인천구치소 마약사범실 수감 중)

           인천 남구 도화동 ○○○○○○○

           청구대리인 대한법률구조공단 인천지부 공익법무관 유재원

    본 청구인 김○○은 인천지방법원 2008고단○○○○(마약류관리에관한법률위반)으로 재판진행 중인 자[1]인 바, 마약중독자이며 상습적인 재

---

1. 김○○은 마약의 재범이 5회 이상 되는 자이며, 최근에는 2008노○○○ 사건의 출소일인 2008년 7월경 이후 다시 재범하여 이번 형사사건이 진행 중입니다. 피고인의 가족으로는 처 고○○이 있으나 그녀 또한 2008고단○○○○ 사건의 피고인으로서 3회 이상 거듭된 마약범죄자입니다. 피고인의 환경은 극히 마약에 노출되기 쉽고 개선·재활에 큰 어려움이 있었던 것이 분명합니다.

범을 범한 본 청구인에게 적용되어야 마땅한 치료감호법이 적용되지 아니하고 실형이 예상되고 있는 자입니다. 이에 본 청구인은 치료감호법 검사한정청구조항의 위헌성으로 인하여 기본권을 직접적으로 침해받았음을 이유로(법령헌법소원) 헌법재판소법 제68조 제1항에 기해 헌법소원을 제기하고자 합니다.

청구 취지

"치료감호법[법률 제7655호 신규제정 2005. 08. 04. 법률 제8728호(형의집행및수용자의처우에관한법률) 일부개정] 제4조 제1항은 청구인의 행복추구권, 평등권, 재판청구권, 환경권, 보건권 등 기본권을 침해하며 헌법상 적법절차의 원칙, 국가의 국민보건보호원칙에 위반된다"라는 결정을 구합니다.

위헌이라고 해석되는 법률조항

치료감호법 제4조 제1항

"검사는 치료감호대상자가 치료감호를 받을 필요가 있는 경우 관할 법원에 치료감호를 청구할 수 있다"라는 검사한정청구조항이 "법원의 직권 또는 피고인의 청구에 의한 치료감호결정을 배제한 것으로서 청구인 김○○의 헌법상 행복추구권, 평등권, 재판청구권, 환경권, 보건권을 침해하고 헌법상 적법절차의 원칙, 국가의 국민보건의 보호원칙에 위배된다"는 것입니다.

청구 이유

I. 본 헌법소원 청구(위헌확인의 소)의 주장취지

치료감호법 제4조 제1항의 검사독점청구주의조항은 청구인 김○○에게 직접 자신의 기본권을 현재 침해하고 있는 위헌적인 법률조항으로서 김○○의 행복추구권, 평등권, 재판청구권, 환경권, 보건권 등 기본권을 침해하며 헌법상 적법절차의 원칙, 국가의 국민보건보호원칙에 위반되므로 헌법에 위반된다는 확인을 구하고자 합니다.

II. 헌법소원(68조 제1항)의 형식 절차적 요건의 구비

본 헌법소원은 이른바 법령으로 인한 직접적인 기본권 침해를 이유로 한 위헌확인 소송으로서 헌법소원의 청구기간(90일, 1년)에 있어 보다 충분한 기간산정을 요합니다. 특히 사유가 발생한 날로부터 1년이라는 것은 "당해 법령이 청구인의 기본권을 명백히 구체적·현실적으로 침해하였거나 그 침해가 확실히 예상되는 등 실체적 제 요건이 성숙하여 헌법 판단에 적합하게 된 때"를 말하며(93헌마250 등) 법령헌법소원의 청구기간은 "법령이 시행된 후 비로소 그 법령에 해당하는 사유가 발행하여 기본권의 침해를 받게 된 때에는 그 사유가 발생하였음을 안 날로부터 60일[2] 이내에, 그 사유가 발생한 날로부터 180일[3] 이내에 청구해야 한다"고 합니다(96헌마268 외 다수).

본 사건에서 청구인 김○○은 자신의 형사재판(인천지법 2007고단○○○○)의 집행을 마친 후에도 자신의 중독상태를 치료받거나 개선하지 못하고 다시금 본 사건을 재범하여 재판 중이며 중독으로 인한 여러 증세(정신착란, 수전증 등)가 있음에도 검사의 청구가 없으면 치료감호청구 등을 할 수 없기에 기본권을 침해받았습니다. 본 사건에 있어 마약중독자 김○○은 본 형사사건 진행 중[4] 치료감호법의 위헌성에 대해 알게 되었으며(90일 이내) 이에 대하여 이러한 헌법소원 사유가 발생한 지 1년 이내에 본 사건 헌법소원(2008헌마530)을 제기한 것으로서 기간준수에 부합합니다.

---

2. 현행 90일입니다.
3. 현행 1년입니다.
4. 공소제기일 2008년 9월 12일.

이 외에 형식적인 요건에 대한 부분 중 변호사강제주의, 서류형식구비 등을 모두 갖추었습니다.

III. 헌법소원(68조 제1항)의 실질적 요건의 구비

헌법소원에 있어 헌법소원이 각하되지 아니하고 실질적인 심리에 들어갈 수 있으려면 1) 공권력의 행사·불행사 기타 이에 준하는 법령 등으로 2) 기본권의 침해가 있어야 하고 2) 그 기본권침해는 청구인에게 있어 자기관련성·직접성·현재성을 갖추어야 하며 3) 기본권침해를 제거할 수 있는 다른 수단이 없거나 헌재에 제소하지 아니하고서는 별다른 구제수단이 없는 경우로서 보충성이 필요하다 할 것이고[5] 4) 이러한 헌법소원으로 인하여 자신의 권리를 보호할 필요성(권리보호의 이익)이 있어야 하는 것으로서 이미 자신의 권리가 보호되었거나 그 필요성이 현저히 소멸된 경우에는 헌법소원은 심판청구의 이익이 없다고 할 것으로서 위와 같은 제반 요건을 갖추어야 한다 하겠습니다.

---

5. 다만 본 사건과 같은 법령으로 인한 직접적 기본권침해의 경우 보충성의 원칙은 크게 완화될 수 있다 하겠습니다(98헌마55 등 다수).

1. 본 사건의 자기관련성·직접성·현재성

본 사건에 있어 치료감호법 제4조 제1항의 검사독점청구조항으로 인하여 제삼자가 아닌 피고인[6] 김○○ 자신의 제반 기본권[7]을 침해받아 헌법재판소가 정하는 자기관련성을 충족합니다.

본 사건에 있어 치료감호법 제4조 제1항의 검사독점청구조항은 피고인의 치료감호대상요건을 검사의 판단에 일임하여 결국 피고인이나 법원의 직권으로 인한 치료감호의 방법을 원천봉쇄 하여 피고인의 제반 기본권을 직접적으로 침해하고 적법절차의 원칙, 국가의 국민보건보호 의무원칙에 반하고 있습니다. 특히, 법령으로 인한 기본권침해소원(위헌확인소원)에 있어 '집행행위의 매개 없이 직접 법률 그 자체에 의한 자유의 제한, 의무의 부과, 권리 또는 법적지위의 박탈이 생긴 경우(97헌마38)'를 말하는 것으로서 본 사건의 경우 치료감호법 제4조 제1항의 원천봉쇄조항으로 집행행위 없이 직접 피고인 스스로의 기본권이 침해되었음은 자명하다 하겠습니다.

본 사건에 있어 치료감호법 제4조 제1항의 검사독점청구조항은 청구인 김○○의 기본권을 현재 침해하고 있습니다. 본 사건 조항은 '언젠가 기본권이 침해받을 우려가 있다거나 잠재적으로 침해받을 수 있다는

---

6. 통상의 마약사범과 달리 10여 차례에 가까운 재범 및 환각상태의 범행, 현저히 의심되는 정신착란상태 등이 본 사건 피고인 김○○에게 현저합니다.
7. 이에 대해서는 본 청구이유서 중 조항의 위헌성, 기본권침해성 부분에서 후술하겠습니다.

것'이 아니라 출소 후 바로 재범한 거듭된 마약사범이자 향후 정신착란 상태에서 제2·제3의 범행을 저지를 우려가 매우 큰 김○○에게 있어 치료감호를 청구해 주지 아니하여 그 판단을 전혀 받지 못하였으므로(본 형사사건) 현재 자신의 기본권을 침해받았던 것입니다.

2. 보충성원칙의 예외 또는 완화해석

본 사건과 같은 법령헌법소원에 있어 헌재법 제68조 제1항 단서의 "다른 법률의 구제절차가 있는 경우에는 그 절차를 모두 거친 후가 아니면 청구할 수 없다"는 취지의 보충성원칙은 완화해석 될 여지가 있습니다(학설상으로는 보충성원칙의 예외라고 설명하고도 있습니다).

즉 법률 자체에 의한 기본권침해가 문제되었다면 그 법률의 효력을 다툴 수 있는 적법한 권리구제절차가 별달리 마련되어 있지 않은 경우로서 헌재법 제68조 제1항 단서의 구제절차를 모두 거친 후에 헌법소원을 제기하여야 하는 것은 아니라 하겠습니다.

본 사건에 있어 김○○은 치료감호법 제4조로 인하여 기본권을 침해받았고 그에 대하여 법원 기타 기관에 '기본권침해의 구제'나 '법령의 위헌성'을 주장하여 인용받을 수 있지 아니하다 할 것이므로 보충성의 원칙에 대한 예외이거나 그 완화해석상 보충성의 원칙을 지켰다 하겠습니다.

3. 권리보호의 이익

헌법소원에 있어 당연히 권리보호의 이익이 있어야 헌법소원이 가능하다 하겠으나 본 사건의 경우 현재까지 김○○은 얼마 전 인천지법 2008노○○○○사건으로 인하여 실형의 유죄판결을 받고 복역을 끝냈고 현재 구속구공판 중이며 치료감호에 대한 판단을 전혀 받지 못하였고 현재 아무런 변동이 없고 향후 변화가 예상되지 아니하여 이와 같은 권리보호의 이익을 충족한다 하겠습니다.

그 외에도 본 사건은 1) 마약사범 1만 명 시대에 접어든 대한민국이 마약사범에게 실형 위주의 형을 내리는 관행을 벗어나지 못하고 있음을 명시적으로 보여 주고 있으며 2) 검사독점청구주의조항을 우월적으로 이용하는 검찰의 소극적 적용으로 인하여 치료감호제도가 사실상 유명무실하게 되는 법제도의 폐해가 드러나고 있고 3) 대한민국 교정당국에서도 향후 수많은 마약사범 중 재범위험성이 높고 치료가 시급한 범죄자에 대한 구금 외의 뚜렷한 대책을 마련하고 있지 않아 "기본권 침해의 행위가 반복될 수 있고 그러한 분쟁의 해결이 헌법질서의 수호유지를 위하여 긴요한 사항이어서 헌법적으로 그 해명이 중대한 의미를 지니고 있다고 하겠으므로"(96헌마398 등) 권리보호의 이익판단에 있어 그 해석상 완화되어야 하겠습니다.

4. 기본권 침해와 제반 헌법상원칙 위배의 여부

상기 설시한 헌법소원의 실질적 요건에 있어, 가장 바탕이 되는 침해된 기본권과 위반된 헌법원칙에 대해서는 이하에서 서술하도록 하겠습니다.

결론부터 서술하자면,

치료감호법 제4조 제1항의 검사한정청구조항이 "법원의 직권 또는 피고인의 청구에 의한 치료감호결정을 배제한 것으로서 헌법상 행복추구권, 평등권, 재판청구권, 환경권, 보건권을 침해하고 헌법상 적법절차의 원칙, 국가의 국민보건보호원칙에 위배된다"는 것입니다.

Ⅳ. 본 청구인에 관한 형사사건의 개요

본 사건 전제된 형사사건의 공소사실의 요지는

[피고인은 1992년에 인천지법에서 대마관리법으로, 1993년에 인천지법에서 대마관리법으로, 1997년에 대마관리법·향정신성의약품관리법으로, 1998년에 대마관리법·향정신성의약품관리법으로, 2002년에 마약류관리에관한법률(향정)로, 2006년에 마약류관리에관한법률(향정)로, 2007년에 마약류관리에관한법률(향정)로 이미 벌금 및 실형을 복역한 자입니다.]

〈이하 공소장 기재내용〉

"피고인은 2008년 5월 2일 인천지방법원에서 마약류관리에관한법률위반(향정)죄로 징역 8개월을 선고받고 2008년 6월 16일 인천 구치소에서 그 형의 집행을 종료하는 등 동종의 범죄전력이 7회 있다.

피고인은 마약류취급자가 아니다.

가. 필로폰 매수

피고인은 2008년 8월 24일 20:00경 용인시 기흥구 보라동에 있는 한국민속촌 부근에서 김○○으로부터 향정신성의약품인 메스암페타민(일명 필로폰) 0.5그램을 30만 원에 매수하였다.

나. 필로폰 투약

피고인은 2008년 8월 24일 23:00경 인천 부평구 부평동에 있는 상호를 알 수 없는 모텔 302호실에서 필로폰 0.2그램을 1회용 주사기에 넣고 생수로 희석한 다음 피고인의 오른팔 혈관에 주사하여 필로폰을 투약하였다.

다. 필로폰 소지

피고인은 2008년 8월 25일 10:15경 인천 서구 석남동에 있는 ○○나이트클럽 앞길에서 1회용 주사기 2개에 물로 희석한 필로폰 0.2그램과 분

말형태의 필로폰 0.1그램을 각 나누어 담아 필로폰을 소지하였다."

라는 점이고 현재 별개의 건이 인지되어 수사 중으로서 병합심리 될

예정입니다.

현재 본 피고인에 대해서는 위 사실에 대해 피고인 스스로 모든 사실

을 자백하였으며 다만 필로폰에 대한 유혹이 크고 자제하기 어려워 매

번 반복해서 범행한다는 진술을 하고 있고 이러한 취지에서 선처를 구

한다고 합니다. 피고인뿐만 아니라 주위의 제삼자들도 피고인의 중독성

에 대해 치료가 시급히 필요하다고 하고 재판장께서도 "환각이 지속되

고 중증의 마약중독상태인 것은 분명하다. 치료감호는 현재 법률상 검

사의 청구가 없으면 곤란하다"라고 하는 입장입니다.

다만 본 피고인은 보안처분의 일환으로 법원에서 판단하는 치료감호

처분의 요건에 해당하는 것이며 이에 대해 본인 또한 그러한 처분을 원

하고 있고 객관적인 증빙이 존재하나, 검찰청구독점주의를 규정한 치료

감호법 제4조의 위헌성으로 치료감호청구를 기다렸으나 검찰의 청구 없

이 형사재판이 진행 중입니다.

V. 본 사건과 관련한 헌법적 청구의 제반 경과

본 피고인은 20년 전 이후로 동종의 마약범행을 8회 이상 저지르고 있으며 거듭된 단기실형에도 불구하고 또다시 누범기간 중에 본 사건범행을 저지른 것으로 보입니다. 특히, 치료감호법의 취지 "제1조(목적) 이 법은 심신장애 또는 마약류·알코올 그 밖에 약물중독 상태 등에서 범죄행위를 한 자로서 재범의 위험성이 있고 특수한 교육·개선 및 치료가 필요하다고 인정되는 자에 대하여 적절한 보호와 치료를 함으로써 재범을 방지하고 사회복귀를 촉진하는 것을 목적으로 한다"에 극히 부합하며 향후 본 피고인을 동일한 방식으로 단기실형 후 석방하는 것은 피고인의 교화 및 사회복귀·재범방지에 큰 도움이 되지 않을 것입니다.

본 피고인의 경우 그 요건에도 부합합니다.

제2조(치료감호대상자) ① 이 법에서 '치료감호대상자'라 함은 다음 각 호의 어느 하나에 해당하는 자로서 치료감호시설에서의 치료가 필요하고 재범의 위험성이 있는 자를 말한다.

　1. 형법 제10조 제1항의 규정에 의하여 벌할 수 없거나 동 조 제2항의 규정에 의하여 형이 감경되는 심신장애자로서 금고 이상의 형에 해당하는 죄를 범한 자

2. 마약·향정신성의약품·대마 그 밖에 남용되거나 해독작용을 일으킬 우려가 있는 물질이나 알코올을 식음·섭취·흡입·흡연 또는 주입받는 습벽이 있거나 그에 중독된 자로서 금고 이상의 형에 해당하는 죄를 범한 자

② 제1항 제2호의 '남용되거나 해독작용을 일으킬 우려가 있는 물질'에 관하여 자세한 사항은 대통령령으로 정한다.[8]

본 피고인 김○○은 20년 이상 메스암페타민을 투약해 오고 있으며 현재의 정신상태를 기초로 판단해 보건대 향후 환각상태에 빠져 금고 이상의 형에 해당하는 죄를 저지를 위험이 큰 자로서 치료감호법 제2조 제1항 제1호 및 제2호의 요건을 충족하며[9] 제1항 본문의 1) 치료감호시설에서의 치료가 필요하고 2) 재범의 위험성이 농후한 자입니다.

즉 1) 마약사건에 있어 마약중독자이거나 환각범행을 저지른 자에 있어 형법, 마약류관리에관한법률 외에 치료감호법이 적용될 수 있는 여지는 충분히 남겨져 있으며 2) 형벌과 보안처분이 다른 성격이 있다고는 하나 비례성원칙이 지켜지며 특히 치료감호의 경우 형벌유사의 성격으

---

8. 치료감호법 시행령-대통령령 제2조(마약류 등의 종류) '치료감호법(이하 '법'이라 한다) 제2조 제1항 제2호의 규정에 의한 마약·향정신성의약품·대마 그 밖에 남용되거나 해독작용을 일으킬 우려가 있는 물질의 종류는 다음과 같다. 1. '마약류관리에관한법률' 제2조 제2호 내지 제5호 및 동법 시행령 제2조 제1항 내지 제3항에 규정된 물질. 2. '유해화학물질 관리법' 제35조 제1항 및 동법 시행령 제22조에 규정된 물질.

9. 그 판단은 현행법률상 우선적으로 검사가 판단할 수 있겠으나, 대한민국 정의의 수호자임과 동시에 공익의 대표자로서 검사는 객관적인 사유가 있는 경우 치료감호청구에 대한 판단을 하여 형벌권의 적절한 운용 및 보안처분의 실질적 활용을 돕도록 노력해야 할 것입니다.

로 말미암아 대체주의las vikariierende System가 운용되어 보안처분 집행으로 형벌을 갈음할 수 있도록(치료감호법 제23조) 규정되어 있고 3) 심신장애자[10]나 (약물)중독자의 경우에 이 치료감호법이 적용될 것을 전제하는 법규의 목적·취지가 있으며 4) 피고인 김○○에게 있어 20년 이상의 마약 재범, 8회 이상의 단속경력, 환각상태의 지속, 현재 구치소 격리수용 중 등의 사정을 비추어 보면

본 사건에 있어 정당한 이성 및 법조적 양심 그리고 공익의 대표자인 검사의 치료감호청구가 개시되고 법원의 결정이 내려졌다면 "본안 재판의 결론이나 주문에 어떠한 영향을 미치거나 그 이유를 달리하는 데 관련되어 있다"고 볼 수 있기 때문입니다. 바로 본 사건의 경우에, 치료감호법 적용이 예정되어 있고 치료감호법에 따른 결정이 내려질 수 있었던 상황임에도 이러한 재판전제성부인 판단을 내린 법원은 '마약은 무조건 실형, 괜찮다면 집행유예' 등의 양분된 사고를 가진 것이라고도 볼 수 있습니다. 본 사건에 있어 김○○ 피고인이야말로 치료감호의 적용이 시급하며 필요하다 할 것입니다.

---

10. 본안 재판에 있어 심신상실이나 심신미약 주장을 계속하였으나 담당재판부는 '원인에 있어 자유로운 행위'라고 규정하고 그 감경을 배제하였으며, 이는 위헌법률심판의 재판전제성을 또한 피해 가는 것이라 하겠습니다. 심신상실·미약 부분에 대해서는 항소심 재판이 진행 중이며 통상의 경우에 술을 상습적으로 마셨던 사람들에 대해서도 심신미약감경을 해 주고 있는 법원의 입장에서 벗어나 마약범죄자에게 "환각상태, 위험발생을 예견하고 마약을 투약하여 심신미약상태에 빠지게 되었다'라고 하는 것은 크게 부당한 것이었습니다.

이번 헌재법 제68조 제1항에 기한 헌법소원에 있어서는 보다 전진적인 논의와 충분한 심리가 이루어질 수 있기를 기대하며, 대한민국 헌법질서의 보루인 헌법재판소의 현명한 판단을 믿습니다.

Ⅵ. 치료감호법 제4조 제1항의 기본권침해 및 헌법원리 위배 (위헌이라고 해석되는 이유)

위 치료감호법 제4조 검사한정청구조항(법원·피고인 청구권배제조항) 헌법의 기본권 및 제반 원칙에 반하고 치료감호법의 취지·목적에 반할 뿐 아니라 시의적절한 보안처분의 필요성을 현저히 제한한다는 점에서 위헌적인 조항입니다.

특히, 제4조는 공익의 대표자인 검사가 청구권을 적절히 행사하도록 하는 입법취지인 듯 보이나, 실질은 검사청구한정의 조항으로서 검찰의 '제3의 권한'처럼 운용될 가능성이 농후하며 법원의 직권판단[11]이나 피고인[12]의 청구권(내지 신청권)을 배제하여 마약, 기타류의 중독성을 가진 피고인이 자력으로 갱생할 수 있는 기회를 박탈하여

---

11. 법원에서 직권으로 치료감호를 내릴 수 있는 상황을 의미하며, 보안처분에 있어서 법원의 재량을 일부 허여하는 것으로서 형사상 검찰의 기소독점주의와 배치되는 것이 전혀 아닙니다. 현재 법원이 검찰에 요구할 수 있는 것으로 되어 있으나 이는 검찰의 자발적인 협조를 전제로 하는 일종의 신청일 뿐 직권개시가 되지 못하기에 미흡한 조항입니다.
12. 피고인의 조력자인 변호인을 포함합니다.

1. 헌법 제10조의 행복추구권

마약중독의 피고인이 치료감호법의 취지대로 치료감호를 받아 치료·갱생하여 인간다운 삶을 살 수 있도록 하는 권리

2. 헌법 제11조의 평등권

법에 의해 규정된 요건을 모두 충족하였음에도 공익의 대표자인 검찰의 청구 여부에 임의적으로 치료감호의 기회를 박탈당하지 않고 평등한 대우를 받을 권리

3. 헌법 제12조의 적법절차

헌법과 법률에 따르지 아니하고는 어떠한 형벌, 기타 보안처분을 받을 수 없으며 피고인에게 적정한 형벌·보안처분이 내려지도록 정당한 적법절차 Due Process 의 원리하에 피고인이 규율되어야 하는 대원칙, 특히 이것은 법을 그대로 적용하여 '적_適', '부_否'의 판단을 내리는 것이 아니라 적법한 절차에 의한 형벌·보안처분에 있어 '대한민국 전체 사회를 위하여' 또한 '피고인 개인과 잠재적인 피해예방을 위하여' 적정·타당한 절차가 진행되어야 함을 의미한다고 하겠습니다.

또한 적법한 절차에 있어 중독자·환각범죄자 스스로 청구하여 치료감호의 대상 부분에 대한 법원의 판단을 받게 하는 절차를 검사가 독점하여 배제한다면 훗날 그러한 피고인의 청구에 대해 (치료감호청구)기

각되는 결정이 내려진다고 하더라도 선진형사소송제도에 있어서 '절차적 보장'이 아니라 '절차적 무시 또는 절차적 배제'가 내려졌다는 오해를 살수도 있는 것이라 하겠습니다. 즉 '인용'이든 '기각'이든 결론 여하를 떠나 그 절차 자체를 폐쇄하여 검사가 독점하는 문제점은 실로 막대하다하겠습니다.

4. 헌법 제27조의 재판청구권

모든 국민이 헌법과 법률이 정한 법관에 의하여 법률에 의한 재판을 받을 수 있는 권리로서 법원의 직권 또는 피고인의 신청으로 치료감호를 받을 수 있는 방법을 방해받지 않을 권리

5. 헌법 제35조의 환경권

모든 국민이 건강하고 쾌적한 환경에서 생활하며 마약, 약물 기타에 관한 중독된 환경을 개선하고 보다 건강한 생활을 영위할 수 있는 권리

6. 헌법 제36조의 보건권 및 국가의 국민보건 보호의 원칙

모든 국민이 신체 및 정신의 건강을 유지하는 권리를 가지며 국가는 국민의 보건에 관하여 치료·관리·감독하여 국민을 보호해야 한다는 원칙.

특히 이러한 국가의 의무에 발맞추어 현재 마약류관리에관한법률은

국가의 보호의무조항[13]을 신설규정 하고 있습니다. 결국 제4조는 이러한 마약류관리에관한법률의 개정변화를 수용하지 못하고 각 법률상의 입법취지가 동일함에도[14] 치료감호법 제4조로 인하여 법리해석이 다르게 되어 각 법률이 자충[自衝]하게 되는 괴상한 입법이 이루어지고 있는 것입니다.

이상의 기본권에 위배된다 하겠습니다.

또한 치료감호법 제4조에 따른 검사 독점의 폐해는 여실합니다.

가. 범죄백서에 따르면, 마약류범죄는 이미 1999년 이후 연간 10,000 명을 넘어서 있으며(1999, 마약류범죄백서 참조, 2007, 마약류범죄백서의 경우 1만 649명이 통계되어 있습니다) 치료감호의 경우 현재까지도 치료 감호는 살인·절·강도·강간·방화 등의 강력범죄에 대해서 피고인의 정신질환이 심히 의심되는 경우만 600여 명에 대해 공주의 치료감호소에서 치료를 받게 하고 있고 마약중독자의 경우는 그중 극히 일부에 불과한 것으로 파악되고 있습니다(2007, 범죄백서 참조). 실질상 운용에 있

---

13. 마약류관리에관한법률 제3조의 2(국가 등의 책임) ① 국가 및 지방자치단체는 국민이 마약류 등을 남용하는 것을 예방하고, 마약류 중독자에 대한 치료보호와 사회복귀 촉진을 위하여 연구·조사 등 필요한 조치를 하여야 한다. ② 국민은 마약류 중독자에 대하여 치료의 대상으로 인식하고 건강한 사회구성원으로 자립할 수 있도록 협조하여야 한다.
14. 마약류관리에관한법률 제1조(목적) 이 법은 마약·향정신성의약품·대마 및 원료물질의 취급·관리를 적정히 함으로써 그 오용 또는 남용으로 인한 보건상의 위해를 방지하여 국민 보건 향상에 이바지함을 목적으로 한다.
치료감호법 제1조(목적) 이 법은 심신장애 상태, 마약류·알코올이나 그 밖의 약물중독 상태, 정신성적[精神性的] 장애가 있는 상태 등에서 범죄행위를 한 자로서 재범의 위험성이 있고 특수한 교육·개선 및 치료가 필요하다고 인정되는 자에 대하여 적절한 보호와 치료를 함으로써 재범을 방지하고 사회복귀를 촉진하는 것을 목적으로 한다.

어 마약사범 중 장기형이 예상되나 다소의 공적이 있어 특별히 혜택을 주어야 하는 경우 마약사범의 플리바게닝으로 이 치료감호 청구제도가 적용될 수 있을 뿐이라는 분석 또한 존재합니다. 이처럼 운용이 극히 줄어드는 것입니다. 이에 대한 문제점 인식으로 김춘진, 엄호성 등 국회의원 11인은 이미 지난 1995년 3월 17일에 마약류관리법의 개정을 건의하였고 1) 투약사범에 대한 대처 2) 국가의 개입의무 3) 범죄의 시각 외에 치료보호의 시각 마련 4) 치료보호실적의 저조에 대한 구체적 대책 마련 5) 집행유예판결 시 치료보호관찰을 명하는 방안 마련 6) 자립지원시설 운영 및 치료보호기관 활성화[15] 등을 제안한 바 있습니다.

이에 발맞추어 마약류관리에관한법률은 2008년 9월 29일 시행을 예정으로 개정되어 제3조의 2(국가 등의 책임)조항을 신설하고 제40조를 통해 식약청에서 보건복지부로 이관하는 개정이 이루어진 바 있습니다. 특히 제3조의 2는 "국가 및 지방자치단체는 국민이 마약류 등을 남용하는 것을 예방하고 마약류 중독자에 대한 치료보호와 사회복귀 촉진을 위하여 연구·조사 등 필요한 조치를 하여야 한다. 국민은 마약류중독자에 대하여 치료의 대상으로 인식하고 건강한 사회구성원으로서 자립할 수 있도록 협조하여야 한다"라고 규정하여 기존 마약사범에 대해

---

15. 현재 국립부곡병원 마약중독진료소의 운용으로는 극히 부족한 실정입니다. 본 청구대리인이 인천지방법원에 제출한 참고자료(위헌법률심판제청)에 구체적인 통계 및 분석이 나와 있습니다.

'뽕쟁이', '약장사' 등의 시각으로 실형벌 일변도의 사법부관행이 시대변화·사회변화·국민요구에 따라가지 못하고 있는 면을 명징하게 보여 주고 있다고 하겠습니다.[16]

나. 치료감호에 관한 판결은 법원이 하도록 치료감호법에서 명시하고 있음에도 검찰의 청구 부존재로 말미암아 치료감호법의 요건 제2조에 관한 판단을 검찰이 독점하는 것으로 이어지는 실태도 그러합니다. 즉 법원의 판단 권한을 검찰에서 우선 독점하게 되면서, 기소독점주의의 원칙과는 무관한 보안처분청구를 무분별하게 제한할 수 있습니다.

---

16. 전경수 한국 마약범죄학회장의 기고(조선일보 2008년 7월 29일자)를 보면, "최근 대검찰청이 발표한 '2007 마약류 범죄백서'에 따르면 지난해 우리나라에서 적발된 마약사범은 1만 649명으로, 2006년 7,711명보다 38%나 증가했다고 한다. 2003년 7,546명 이후 7,000명 선에 머물던 마약사범이 5년 만에 1만 명을 넘어선 것이다. 특히 필로폰으로 대표되는 향정신성의약품 사범의 증가세가 두드러져 2005년 5,354명, 2006년 6,007명이던 것이 2007년에는 8,521명으로 급증했다. 마약사범이 갈수록 증가하는 것은 일반 범죄를 대상으로 한 현재의 교정 시설과 정책이 마약사범 관리에 적절하지 않기 때문이다. 마약류 사범의 대부분을 차지하고 있는 필로폰 투약사범은 중독 환자이자 범죄라는 양면성이 있기 때문에 두 가지 측면을 모두 고려해야 하는데 우리의 현실은 그렇지 못하다. 마약사범은 잡아 가두는 것이 능사가 아니다. 투약자에게 공급한 밀매자를 색출하는 수사와 더불어 응분의 처벌은 하되, 마약류투약범죄에 대한 행형제도가 반드시 변화되어야 한다. 이에 대한 방법으로 중독성이 심한 마약사범의 경우는 최근 한국마약범죄학회가 장기간 연구 끝에 발표한 '마약류 투약범죄 대체의료교정주의 교정이론'을 검토·수용할 것을 권한다. 특히 마약류 투약 초범에 대한 교화·교정은 정말 중요하다. 그러나 일반 범죄 집단 교육 교화 장소인 교도소 시설은 연성마약과 경성마약, 투약한 경험 수치에 대한 구별 없이 수용하기 때문에 오히려 문제가 될 수 있고 단순한 격리에 그칠 수 있다. 따라서 마약류 투약자가 교도소 경험을 잘못하면 범죄 환경에 익숙해져 오히려 평생 마약에서 벗어날 수 없는 환경적 바이러스를 교도소에서 달고 나온다. 교도소에서 함께 지낸 밀매자와 친분관계가 조성되는 것도 잠재적 범죄환경에 노출되는 것이다. 이런 추세라면 마약사범 2만 명 시대가 멀지 않다. 마약에 중독된 젊은이들에게 잃어버린 영혼을 되찾아 주기 위해서라도 반드시 마약사범에 대한 교정지도·시설을 특화해야 한다"라고 역설하였습니다.

다. 치료감호제도는 실제 운용되고 있는지 의문입니다. 과거 보호처분의 하나로서 사회보호법 등에 같이 운용되어 많은 범행대상자들이 기피하였던 바입니다. 특히, 치료의 기한을 예상할 수 없거니와 치료와 형벌의 병존으로 더더욱 그러했습니다. 특히 마약사범이 늘어 가고 있는 수도권과 부산·대구 등 대도시의 경우 마약사범에 대해 여전히 실형 위주의 판결을 내리는 관행을 보이고 있습니다.

라. 이제 보호감호제도가 폐지되어 새로운 형집행의 세기를 바라보고 있습니다. 실질적인 재판 없이 단순 행정처분으로 사실상의 형기를 더 늘리던 보호감호제도는 그 인권침해, 위헌적 성격으로 폐지가 이루어진 것입니다.

마. 더더군다나 치료감호제도는 그 나름의 운용성을 존중받아 독립적인 치료감호법이 마련되어 앞으로 '술·도박·마약·기타(성도착) 등의 여러 중독자'들에 대한 제3의 교화·계도의 수단이 될 수 있을 것입니다. 단지 대한민국의 재정으로 피고인들을 위해 편안한 공간을 제공한다는 것이 아니라 정신적인·사상적인 습벽으로 인하여 계속된 반복범행을 저지르는 경우 징역형만을 반복하여 몰아세우기보다는, 다시는 반복된 범죄를 범하지 않도록 피고인들을 긍정적으로 교화하여 정상인의 삶을 살 수 있도록 '생의 결정'을 언도할 수 있는 것입니다. 마약이라는 늪에

빠진 피고인들에게 이러한 치료감호제도의 실질적인 운용은 그 늪에서 사람을 건져 내는 막대기 역할을 할 수 있을 것으로 기대합니다. 마약은 단순 격리로는 족하지 않습니다. 이러한 악의 축이 제거되려면 도움을 줄 수 있는 보조자가 반드시 필요합니다. 마치 늪과 같아서 혼자서 바둥대고 헤엄친다고 나올 수 있는 것이 아니라, 누군가 멀리서 긴 장대로 그 사람을 끄집어내 주어야 합니다. 바로 그 누군가는 대한민국 사법부일 것이며 그 장대 노릇 하는 것은 적절한 치료라 할 것입니다.

바. 현재 중대범죄에 있어 1항 1호의 경우만 운용되고 있는 것으로 보이며, 특히 2호의 경우에는 사실상 검찰에서 미리 정한 경우만 그 운용이 되는 것으로 파악됩니다. 특히, 마약 등의 범죄자에게 있어 공적이 있고 수사에 도움을 주는 경우 은혜적 조치로 이루어지기도 합니다. 또한 청구권이 검사에게 독점되어 있는 관계로 이러한 운용제한의 폐해는 현존하고 있습니다.

사. 앞으로 대한민국 검찰에서는 치료감호제도의 취지 "제1조(목적) 이 법은 심신장애 또는 마약류·알코올 그 밖에 약물중독 상태 등에서 범죄행위를 한 자로서 재범의 위험성이 있고 특수한 교육·개선 및 치료가 필요하다고 인정되는 자에 대하여 적절한 보호와 치료를 함으로써 재범을 방지하고 사회복귀를 촉진하는 것을 목적으로 한다"를 잘 살려

그 실질적인 운용을 통하여 중독의 늪에 빠진 피고인에게 재범의 가능성을 줄일 수 있는 대한민국의 입법취지에 부합하도록 대한민국 검찰은 노력하여야 할 것입니다

앞으로 피고인이 조속히 사회에 복귀하여 새 삶을 살 수 있도록 해야 하며 사회 내 치료가 선행되어야 하겠습니다. 치료감호법 제4조는 이러한 제반 사유로 인하여 세상의 변화를 수용하지 못한 구시대적인 입법이라고 볼 여지가 큽니다. 마약사범은 일반 범죄와 다릅니다. 바로 중독성이며 재범가능성입니다. 미친 사람은 자신이 미친 줄 모릅니다. 술 취한 사람은 자신이 술에 취하지 않았다고 합니다. 명나라의 현명한 유학자 풍몽룡은 중독에 대해 신랄하게 지적한 바 있습니다. "도박꾼은 도둑놈에 가깝고, 음란한 자는 살인범에 가깝다賭近盜 淫近殺"라고 하며 도박이건 마약이건 중독되어 생활을 돌보지 않고 제2·제3의 범행을 할 수 있는 자들은 타인의 재산과 생명을 훔치는 중대 사범들과 다르지 않다고 경고한 것입니다.

이런 중독상태의 사람들을 분별하여 과거의 책임을 부담케 하고 앞으로의 위험성(재범가능성)을 파악하여 치료감호 받도록 함이 대한민국 형법과 보호처분(치료감호)의 대승적·선진적 운용이라 하겠습니다. 이러한 새로운 시도야말로 과거 칼 슈투스 박사의 선구자적 입법견해가 보안처분의 전파로 이어지게 되었던 흐름과 부합한다 하겠습니다.

Ⅶ. 결론

보안처분이 마련된 슈투스Stoos 초안(스위스형법)은 보안처분을 '자유형 대신', '자유형과 함께' 대체적 수단으로서 규정하였고 중독자, 상습범, 착란범 등에 있어 효과적인 위해제거 방안으로 인정받아 전 유럽과 세계에 선진입법으로 평가되어 전파된 바 있습니다. 대한민국에 있어 기존의 시각으로는 보안처분은 형벌과 유사하고 검찰과 법원이 내려 주는 판단에 그대로 따라야 하는 것이라는 '묵언의 관행'이 있었으나 피고인의 신청 또는 법원의 직권으로 피고인에 대한 사회적 위험성을 배제할 수 있는 판단이 내려질 수 있다면 제2·제3의 피해자를 줄이고 피고인의 중독성을 제거하며 향후 건강한 대한민국을 만들려는 치료감호법의 취지를 진정으로 살리게 되는 길일 것입니다.

마약사범에 있어 3범, 5범, 10범, 15범, 20범으로 누적되면서 중독자들에게는 단기실형, 다른 사범들과의 분리 수용[17], 불 보듯 뻔한 재범 등으

---

17. 구치소·교도소 내에서 마약사범만을 분리수용 하는 법무부 교정의 현실은 마약사범끼리 친분관계를 유지하게 하여 다시금 마약의 길에 빠지게 만드는 첩경이 되었습니다. 이렇듯 단기실형을 통하여 거듭된 인적관계를 내내 방치하고 '약 먹는 게 무슨 죄냐', '피해자도 없으니 죄 진 바도 없다'라는 왜곡된 죄의식을 심어 주고 있는 것입니다. 현재 본 변호인이 자문과 협조를 구한 한국마약퇴치운동본부에서도 법원이나 법무부의 인적·물적 해결 외에 부수적 역할을 담당한다는 입장으로서 마약사범은 다시 양산되고 있습니다. 이른바 사법부와 법무당국이 마약사범을 재생산하고 있는 공식기관으로 오도될 여지가 큰 것이 작금의 현실입니다.

로 각 수십 년간의 삶이 낭비되어 오고 있습니다. 특히, 중독이 심해져 환각상태에서 범할 수도 있는 중대범죄에 대해 대한민국 사법부는 안온하고 답습적인 대처를 해 왔던 것입니다. 파도처럼 밀려드는 마약사범 그리고 그들의 반복된 수많은 전력에 대해, 우리 법조가 눈을 크게 뜨고 더 넓은 혜안을 가지고 바라봐야 할 것입니다. 근묵자흑, 근주자적이라 할진대, 먹과 인주의 색을 피해 앞으로 마약사범들이 개전의 가능성을 스스로 보장받고 치료감호절차를 통하여 괄목상대할 새사람이 될 기회를 부여할 시점이 바로 지금이며 마약사범이 홍수처럼 사회에 다시 쏟아져 나오는 이 시대에 새로운 입법이 필요하고 보다 선진사회를 위해 법률의 개선이 요구됨은 당연한 바로서, 이제 그 판단은 대한민국 헌법재판소에 맡겨져 있습니다.

이른바 검사한정청구조항을 규정한 치료감호법 제4조 제1항이 청구인의 기본권을 침해하고 헌법의 제반 원칙에 반하여 위헌이라는 결정을 구합니다.

첨부 서류

1. 본 피고인이 대한법률구조공단에 제출한 형사법률구조신청서

2. 본 피고인에 대한 공소장 중 공소사실(인천지법 2008고단○○○)

3. 증거기록 중 범죄경력조회, 수사경력조회(인천지법 2008고단○○○)

4. 국회의원 발의안(마약중독자에 대한 국가책임을 규정하는 의원발의법률안)

2008. 10. .

청구인 김○○

대리인 공익법무관 유재원 (인)

헌법재판소 귀중

이 사건에 대한 헌법재판소의 결정이 만 2년간의 심리를 거쳐 2010년 4월 29일에 내려졌다. 결과는 '청구기각'이지만, 헌법소원청구요건을 갖추었다는 판단(권리보호이익존재)을 받았고 본안에 있어서도 여러 헌법적 제도(질서), 헌법적 기본권에 대한 의미 있는 판단을 받은 것을 주목할 필요가 있다. 특히, 국가가 국민의 보건권을 보장·증진해야 할 적극적인 헌법적 의무를 부담하여 여러 제도를 통해 마약중독자에게 이러한 국가의 의무가 실현된다는 부분이 상세히 기술되어 있다.

헌 법 재 판 소

결 정

사　　건　2008헌마622 치료감호법 제4조 제1항 위헌확인
청 구 인　김○○
　　　　　대리인 공익법무관 유재원

주 문

이 사건 심판청구를 기각한다.

이 유

1. 사건의 개요와 심판의 대상
이 부분은 청구서에 기재된 것이므로 생략한다.

2. 청구인의 주장과 관계기관의 의견
가. 청구인의 주장 요지
이 부분은 청구서에 기재된 것으로서 생략한다.

나. 법무부장관의 의견 요지
법무부 장관은 1) 권리보호의 이익이 없어 부적법하다는 의견을 냈고 2) 이 사건 법조항이 적법절차원칙, 재판청구권, 보건권, 국가의 국민보건보호의무, 환경권, 행복추구권, 인격권, 자기결정권, 평등권을 각 침해하지 않는다는 본안주장을 폈다.

3. 적법요건에 관한 판단
헌법재판소는 "헌법소원제도는 개인의 주관적 권리구제뿐만 아니라 객관적 헌법질서를 보장하는 기능도 가지고 있으므로, 헌법소원이 주관적 권리구제에는 별 도움이 되지 않는다 하더라도 그러한 침해행위가 앞으로도 반복될 위험이 있거나 당해 분쟁의 해결이 헌법질서의 수호·유지를 위하여 긴요한 사항이어서 헌법적으로 그 해명이 중대한 의미를 지니고 있는 경우에는 심판청구의 이익을 인정할 수 있는 바(헌재 2006. 6. 29. 2004헌마826, 공보 제117호, 938, 941), 치료감호 청구권자를 검사로 한정하는 이 사건 법률조항이 청구인의 주장과 같이 기본권을 침해하는 것이라면, 향후 검사가 치료감호를 청구하지 아니하여 치료감호를 받지 못하게 된 사람들도 이 사건 법률조항에 의하여 반복적으로 기본권을 침해당할 것이 확실히 예상되므로, 헌법재판소로서는 이 사건 법률조항에 대하여 예외적으로 심판을 할 이익이 인정된다"라고 하여 헌법소원 청구요건이 있음을 인정하였다.

4. 본안에 관한 판단
이 부분은 원문을 인용하는 것이 보다 사건의 본질과 법리적 이해해 도움이 되리라는 판단에서 그대로 게재하고자 한다.

가. 치료감호제도의 개관
(1) 치료감호의 의의
치료감호는 심신장애 상태, 마약류·알코올이나 그 밖의 약물중독 상태 등에서 범죄행위를 한 자로서 재범의 위험성이 있고 특수한 교육·개선 및 치료가 필요하다고 인정되는 자에 대하여 적절한 보호와 치료를 함으로써 재범을 방지하고 사회복귀를 촉진하는 것을 목적(법 제1조)으로 하는 바, 고도의 사회적 위험성을 가지고 있음에도 불구하고 전통적인 사회방위 수단인 형벌을 과할 수 없거나 형벌을 기대할 수 없는 범죄성 심신장애자 및 마약류 중독자 등을 일정한 감호시설에 수용하는 보안처분이라 할 수 있다. 이처럼 치료감호는 책임능력의 결함으로 인하여 형벌의 효과를 기대하기 어렵거나 재범의 우려가 있는 자를 일정기간 또는 무기한 정신병동 등 일정한 시설에 수용하여 치료·개선하는 한편, 사회의 안전을 도모하는 조치로서 '대인적 자유박탈적 보안처분'에 속한다.

(2) 치료감호의 요건

치료감호법 제2조에 기재된 부분으로 청구서에 충분히 기술하였다.

(3) 치료감호의 절차

치료감호의 절차는, 검사가 치료감호를 법원에 청구하면 법원이 판결로써 이에 대한 결정을 하도록 하고 있어 형사소송절차와 유사한 구조로 되어 있다. 즉 검사가 치료감호에 처함이 상당하다고 인정되는 마약류 중독자 등 치료감호대상자에 대하여 중독 여부 등 감호에 필요한 자료를 수사하고(법 제5조), 치료감호대상자가 치료감호를 받을 필요가 있는 경우에는 정신과 전문의의 진단 또는 감정을 참고하여 법원에 치료감호를 청구한다(법 제4조 제1, 2, 3항). 치료감호 여부의 판단은 법원의 전권 사항인 바, 법원은 검사의 청구에 따라 치료감호요건을 충족하는지 여부를 심리한 후 청구가 이유 있다고 인정하는 때에는 '치료감호에 처한다'는 취지의 판결을, 청구가 이유 없다고 인정하는 때 등에는 청구기각의 판결을 선고하게 된다. 이처럼 치료감호에 대한 재판과 피고사건에 대한 재판은 별개의 청구로 개시되는 별개의 재판이나, 법원은 치료감호가 독립청구된 경우(법 제7조)가 아닌 이상 피고사건의 판결과 동시에 치료감호사건의 판결을 하여야 한다(법 제12조 제2항). 치료감호의 집행은 검사가 하며, 마약류 중독자의 경우(법 제2조 제1항 제2호) 치료감호의 상한이 2년이고(법 제16조 제2항 단서), 치료감호와 형이 병과된 경우에는 치료감호를 먼저 집행하고 이 경우 감호의 집행기간은 형 집행기간에 포함되는 대체주의를 택하고 있다(법 제18조).

나. 제한되는 기본권

이 사건 법률조항에 의하면 검사는 치료감호대상자에 대하여 치료감
호를 청구할 수 있지만, 치료감호대상자 본인은 치료감호를 청구할
수 없고, 법원의 직권에 의한 치료감호 선고도 허용되지 아니한다. 그
렇다면 이 사건 법률조항이 청구인의 재판청구권을 침해하거나 적법
절차의 원칙에 반하는 것은 아닌지가 문제된다. 또한, 형사소송의 일
방 당사자인 검사에게는 치료감호 청구권을 부여하면서도 피고인에
게는 치료감호 청구권을 부여하지 아니한 것이 합리적 근거가 있는
차별인지, 그리고 청구인의 보건에 관한 권리를 침해하는 것은 아닌지
도 문제되므로 아래에서 차례로 살펴보기로 한다. 다만, 청구인은 이
사건 법률조항이 청구인의 행복추구권 및 환경권을 침해한다고 주장
하나, 이는 보건에 관한 권리의 침해 여부와 경합되는 문제라 할 것이
므로 따로 판단하지 아니하기로 한다.

다. 재판청구권 침해 및 적법절차의 원칙 위반 여부
⑴ 법관에 의한 재판을 받을 권리를 보장한다고 함은 법관이 사실을
확정하고 법률을 해석·적용하는 재판을 받을 권리를 보장한다는 뜻
이고, 그와 같은 법관에 의한 사실확정과 법률의 해석적용의 기회에
접근하기 어렵도록 제약이나 장벽을 쌓아서는 아니된다(헌재 1995. 9.
28. 92헌가11 등, 판례집 7-2, 264, 278; 헌재 2000. 2. 24. 99헌바17
등, 판례집 12-1, 239, 234-247). 한편, 재판청구권은 재판이라는 국

가적 행위를 청구할 수 있는 적극적 측면과 헌법과 법률이 정한 법관이 아닌 자에 의한 재판이나 법률에 의하지 아니한 재판을 받지 아니하는 소극적 측면을 아울러 가지고 있다(헌재 1998. 5. 28. 96헌바4, 판례집 10-1, 610, 618).

(2) 이 사건에서는 재판청구권의 적극적 측면이 문제된다. 즉 치료감호청구가 '재판이라는 국가적 행위를 청구할 수 있는 사안'에 해당되는지 여부가 문제된다. 일반적으로 민, 형사, 행정소송이나 이에 직접 관련되는 것이 아닌 사항에서 어떤 것들이 재판을 청구할 수 있는 대상으로서 기본권(재판청구권)으로 보호되어야 하는가는 일률적으로 말하기 어렵고, 다만 적어도 국민에게 중요한 사항으로서 '사실확정과 법률의 해석적용'에 관련된 문제이고 사법절차를 통하여 결정되어야 할 만한 속성을 지닌 것이라면 재판청구권의 보호범위에 포함된다. 그런데 피고인에 대한 치료감호 문제는 통상의 재판사항인 민사소송이나 형사소송 혹은 행정소송의 문제가 아니고, 형사처벌을 받게 되는 범죄자에게 치료감호를 어떠한 경우에, 어떠한 절차로 할 것인지에 대하여는 헌법에 아무런 규정도 없으므로, 피고인의 보호와 행형의 목적을 고려한 국가의 가치판단이 필요한 문제이다. 따라서 이는 입법자의 광범위한 입법형성의 자유 영역에 속하는 문제라 할 것이다.

(3) 살피건대, 재판청구권은 다른 기본권이 침해된 경우에 그 회복 또는 구제를 위한 절차적 기본권으로서 사법절차를 통하여 궁극적으로 효율적인 권리보호를 보장하고자 하는 데 그 목적이 있다. 따라서 형벌과 마찬가지로 자유박탈적이고 침익적인 처분인 치료감호에 대한 청구권이 헌법상 재판청구권의 보호범위에 속한다고 하기 위하여

는, 피고인에게 치료감호에 대한 재판절차에의 접근권을 부여하는 것이 피고인의 권리를 보다 효율적으로 보장하기 위하여 필요하다는 것이 인정되어야 한다. 그런데 피고인에게 치료감호에 대한 청구권을 주는 것은 결국 피고인이 '재범의 위험성'이 있음을 스스로 인정할 것을 전제하는 것이고, 이것이 과연 피고인에게 유리하게 작용하는 것인지는 의문이다. 이 사건에서 청구인이 '피고인 스스로 치료감호를 청구할 수 있어야 한다'는 취지의 주장을 하는 배경은 치료감호와 형이 병과된 경우 치료감호를 먼저 집행하고 그 기간을 형기에 산입(법 제18조)하기 때문인 것으로 보인다. 즉 형기에 산입되는 치료감호를 병과받는 것이 실형만 선고받아 복역하는 것보다 더 이익이라는 것을 전제로 하고 있는 것이다. 그러나 실형만을 선고받는 것에 비하여 치료감호와 실형을 함께 선고받는 것이 피고인에게 더 유리한 것이라고는 단정할 수 없다. 나아가, 설령 피고인의 이익으로 보이는 측면이 있더라도 그러한 이익은 주관적·상대적 이익일 뿐이고, 그마저도 실형이 명백히 예상되는 자에 국한되는 이익이므로, 이를 보장하기 위하여 피고인에게 자유박탈적이고 침익적인 처분을 스스로 청구할 권리를 국민의 기본권으로 인정해 줄 필요가 있다고는 볼 수 없다. 더욱이, 재판청구권의 보호범위는 사항의 성격 자체에서 판단되어야 하고, 다른 법률조항의 내용 여하, 예컨대 치료감호 기간의 형기 산입 여부(법 제18조) 등에 따라 그 판단이 달라질 것은 아니다. 결국 '피고인 스스로 치료감호를 청구할 수 있는 권리'가 헌법상 재판청구권의 보호범위에 포함된다고 보기는 어렵다. 치료감호 청구를 피고인 본인에게 허용할 것인지 여부는 재판청구권의 문제가 아니라 순수한 입법정책의 문제라 할 것이고, 검사뿐만 아니라 피고인에게까지 치료감호 청구권을 주어야만 절차의 적법성이 담보되는 것도 아니다. 따라서 이 사건 법률조항이 청구인의 재판청구권을 침해하거나 적법절차의 원칙을 위반한다고 볼 수 없다.

라. 평등권 침해 여부

(1) <u>평등권에서는 '차별취급이 존재하는가', '이러한 차별취급이 헌법적으로 정당화되는가'의 2단계 심사를 거치게 된다.</u> 평등권은 당해 공권력의 행사가 본질적으로 같은 것을 다르게, 다른 것을 같게 취급하고 있는 경우에 침해가 발생하는 것이지, 본질적으로 같지 않은 것을 다르게 취급하는 경우에는 차별 자체가 존재한다고 할 수 없다(헌재 2006. 1. 17. 2005헌마1214, 공보 112, 216, 217). 또한, 헌법 제11조 제1항에서 규정하고 있는 평등의 원칙은 일체의 차별적 대우를 부정하는 절대적 평등을 의미하는 것이 아니라 입법과 법의 적용에 있어서 합리적인 근거가 없는 차별을 하여서는 아니 된다는 상대적 평등을 뜻한다(헌재 1997. 8. 21. 94헌바2, 판례집 9-2, 223, 234).

(2) 살피건대, 검사는 공익의 대표자로서 범죄수사 및 공소제기와 그 유지에 필요한 사항, 재판집행의 지휘·감독, 국가를 당사자 또는 참가인으로 하는 소송과 행정소송의 수행 또는 그 수행에 관한 지휘·감독 등을 그 직무로 하고, 아울러 이를 수행함에 있어 국민 전체에 대한 봉사자로서 정치적 중립을 지켜야 하며 부여된 권한을 남용하여서는 아니되도록 그 공익적 지위와 객관적 의무를 부여받고 있다. 또한, 검사는 법관과 동일한 자격조건에 의하여 임명되고 정당한 법령

적용의 청구 및 피고인의 이익을 위하여도 상소할 수 있는 준사법기관적 성격을 가지고 있다(헌재 2007. 7. 26. 2005헌마167, 공보 제130호, 874, 876 참조). 따라서 이러한 검사로 하여금 치료감호 청구를 하게 하는 것은 개인적인 감정이나 집단적 이해관계 또는 여론에 좌우되지 않고 국가 형벌권을 객관적으로 행사하도록 하여 재판의 적정성 및 합리성을 기하고자 하는 것이다. 반면, 마약류 등에 중독되어 치료를 원하는 피고인에게 치료감호 청구를 하도록 하여 피고인 본인이 재범의 위험성 등에 대하여 스스로 인정하고 이를 입증하게 하는 것은 형사소송체계와 일치하기 어려운 측면이 있다. 더욱이, 치료감호 청구 자체는 검사만이 할 수 있다 하더라도 그 최종 판단은 법원에서 할 뿐만 아니라, 법원은 검사에게 치료감호청구를 요구할 수도 있으므로(법 제4조 제7항), 검사가 치료감호 청구권을 독점함으로써 나타날 수 있는 폐해에 대해 여러 가지 제도적 보완 장치도 존재한다. 그렇다면, <u>이 사건 법률조항이 합리적 이유 없이 청구인과 검사를 차별한다고 할 수 없으므로, 이 사건 법률조항은 청구인의 평등권을 침해하지 아니한다.</u>

마. 보건에 관한 권리 침해 여부
(1) 헌법 제36조 제3항은 "모든 국민은 보건에 관하여 국가의 보호를 받는다"라고 하여, 국민이 자신의 건강을 유지하는 데 필요한 국가적 급부와 배려를 요구할 수 있는 권리인 이른바 '보건에 관한 권리'를 규정하고 있고, 이에 따라 국가는 국민의 건강을 소극적으로 침해하여서는 아니될 의무를 부담하는 것에서 한 걸음 더 나아가 적극적으

로 국민의 보건을 위한 정책을 수립하고 시행하여야 할 의무를 부담한다(헌재 2009. 2. 26. 2007헌마1285, 공보 제149호, 502, 504).

(2) 살피건대, 보건에 관한 국가의 의무와 관련하여 '마약류관리에관한법률' 제3조의 2(국가의 책임)는 "① 국가 및 지방자치단체는 국민이 마약류 등을 남용하는 것을 예방하고, 마약류 중독자에 대한 치료보호와 사회복귀 촉진을 위하여 연구·조사 등 필요한 조치를 하여야 한다. ② 국민은 마약류 중독자에 대하여 치료의 대상으로 인식하고 건강한 사회구성원으로 자립할 수 있도록 협조하여야 한다"라고 규정하고 있고, 같은 법 제40조는 마약류중독자에 대한 치료보호제도에 관한 근거 규정을 두면서 이를 보건복지가족부장관 또는 각시·도지사의 소관업무로 정하고 있으며, 이에 따른 '마약류중독자 치료보호규정' 제9조 제3항은 중독자 본인에 의한 치료보호기관에의 입원 신청 등 마약류중독자에 대한 치료대책을 마련하고 있다. 한편 '정신보건법'에서도 자의입원을 비롯한 각종 입원제도를 두고 있으므로 중독자 본인으로서는 치료감호 외에도 얼마든지 마약류 중독에 관한 치료를 받을 길이 열려 있다. 이처럼 위 조항들에 의하여 국민의 건강을 유지하는 데 필요한 국가적 급부와 배려가 이루어지고 있다는 점을 감안하면, 이 사건 법률조항에서 청구인의 치료감호 청구권을 인정하지 않고 있다 하더라도 국민의 보건에 관한 권리를 침해하는 것이라고는 볼 수 없다.

05. 행정부 변호사의 법제업무

법치행정을 위한 행정부의 일몰제   시행

이명박 정부의 '전봇대 뽑기'

집권 2년차를 맞이하고 있는 이명박 정부는 그 시작에 있어 늘 화제를 몰고 다녔다. '공무원 일찍 출근하기'를 시작으로 '기업 프렌들리', '영어몰입교육을 할 필요가 있다. 오렌지는 어린쥐가 정확한 발음이다', '공직자들이 머슴노릇을 잘했는지 생각해 봐야 한다', '공무원이 생각해 보겠다고 했다면 그건 안 된다는 말과 같다', '대불공단에 폴(전봇대)이 있어 커브가 안 된다'라는 대통령인수위원회 어록도 생겼을 정도이니 말이다. 특히, 국내 언론에 크게 보도된 '전봇대 뽑기'[1]를 시작으로 행정규제개혁[2]은 '실용주의 정부'라는 이명박 정부에서 더욱 가속화된 바다.

2009년 1월 29일 대통령 주재 제10차 국가경쟁력 강화위원회는 '규제일몰제 확대 도입방안' 보고를 통해 규제일몰제의 일환으로 전 부처 행정규칙의 일몰제를 도입·실시하는 것을 확정하였다. 규제개혁대상으로 논의되어 온 등록규제 개혁(국민·기업 등 민간건의규제, 경제규제, 사회규제), 미등록규제 개혁(향후 발굴하여 개선), '행정규칙으로 인한 규제'를 개혁하게 된 것이다. 이미 김대중 정부 때 시작되어 법률, 대통령령, 총리령, 부령 등의 상위법의 규제개혁은 이제 '행정규칙에 대한 규제개혁'

---

1. 이명박 대통령 당선인의 발언 이후 수일 내에 철거되었다고 한다.
2. 국민, 기업 등 행정부의 업무대상에 대한 불필요하고 부적절한 규제를 철폐하고 점차 줄여 가자는 것을 그 내용으로 한다.

으로 더욱 폭넓게 확대된 바이다. 또한 선진국의 규제일몰제라는 개념 도입으로 규제개혁은 더욱 가속화되었다.

행정규칙 일몰제의 본격적인 시행
(2009년 8월 24일 시행[3][4])

논의 배경 및 그 시작

　규제일몰제[5]는 이미 미국에서 일몰법(Sunset Law, 행정규제개혁추진법)[6]이라고 하여 법률이나 규제가 일정한 시한을 두고 업무를 추진하되 시한 이후에는 폐지하거나 재검토할 수 있도록 하여 '비효율적이고 사문화되는 행정규제'를 대폭 철폐하는 것을 그 핵심으로 한다. 이 선진입법을 들여와

---

3. 훈령·예규 등의 발령 및 관리에 관한 규정(대통령훈령 제248호)이 2009년 5월 24일 시행되고 그 부칙 제2조상 기존 훈령·예규 재정비는 2009년 8월 24일까지 완료되어야 한다.
4. 연합뉴스 2009년 4월 23일자 기사 "5년 이상 된 행정규칙 1천 개 일괄 폐지", '일몰제' 전면 적용……법제처, 행정규정 재정비(서울=연합뉴스) 이승관 기자. 최근 5년간 한 번도 개정되지 않은 행정규칙 1천여 건이 오는 8월까지 모두 폐지된다. 또 사실상 모든 행정규칙에 '일몰제'가 적용돼 3년의 존속기한 또는 재검토기한이 설정되며, 행정규칙에 대한 발령기준과 형식이 마련되는 등 행정 내부규정에 대한 전면적인 재정비가 추진된다. 법제처는 23일 모든 행정규칙에 '일몰제'를 도입해 주기적으로 존속 필요성을 재검토하도록 하는 내용을 골자로 하는 대통령훈령 '훈령·예규 등의 발령 및 관리에 관한 규정'을 발령했다. 이날 발령된 대통령훈령은 지난 1월 말 이명박 대통령 주재로 청와대에서 열린 국가경쟁력강화위원회에서 '규제일몰제 확대도입 방안'을 확정한 데 따른 후속조치다. 훈령에 따르면 지난 2008년 12월 31일을 기준으로 5년 이전에 제·개정된 이후 한 번도 개정되지 않은 행정규칙 1천여 건은 현실에 맞지 않을 가능성이 높다는 판단하에 일괄 폐지한 뒤 필요하면 재발령토록 했다. 아울러 제·개정한 지 5년이 되지 않은 행정규칙에 대해서는 원칙적으로 3년의 존속기한 또는 재검토기한을 해당 훈령·예규 등에 명시키로 했다. 그러나 유효기간이 만료된 행정규칙을 계속 시행할 필요가 있는 경우에는 존속기한을 다시 설정해 발령토록 했으며, 상위 법령에 3

대한민국에 시행하게 된 것으로서 대통령직속 규제개혁위원회의 활발한 규제개혁활동과 맞물려 더욱 많은 업무를 다 할 수 있을 것으로 보인다. 이러한 규제일몰제는 실질적인 규제개혁의 시도뿐만 아니라 '해가 뜨고 지는 것처럼' 일정한 기한을 명시하여 규제를 시간적으로 제한하는 것에 그 특징이 있다.

국가정책, 국가적 사업을 수행함에 있어 국민의 기본권을 제한하거나 법률에 부합되지 아니하는 규제는 종종 발생할 가능성이 있다. 정부 주도의 법령(법률과 명령을 포함)은 과도한 규제부분에 대해 국회와 규제개혁심사위원회, 국민권익위원회, 기타 NGO 등이 통제와 감시를 다 할 수 있으나 행정규칙(훈령, 예규, 지시, 고시, 공고)에 대해서는 행정 각 부처 내에서 제정, 발령되므로 규제개혁의 대상으로 부각되기에는 시간이 걸렸다. 이번 이명박 정부에서는 바로 이러한 행정규칙으로 인한 여러

년 이상의 일몰규정이 있는 행정규칙은 법제처와 협의해 5년으로 연장을 허용키로 했다. 또 예외적으로 일몰제 적용 제외를 받기 위해서는 행정규칙 발령 1개월 전에 법제처장과 협의를 거치도록 했다. 이 밖에 앞으로는 공문서 형식을 정하고 있는 현행 '사무관리규정'에 따르지 않는 행정규칙은 발령하지 못하도록 하는 한편 법률에 근거 없이 국민의 권리와 의무에 관한 사항을 훈령이나 예규에 규정하는 것을 원천적으로 금지하는 등 5개 항목의 행정규칙 입안 원칙도 마련했다. 법제처는 이 같은 가이드라인을 다음 달 중 각 정부부처에 통보한 뒤 6월 중순까지 존속기간 등을 정하고 8월까지 전면 재정비를 마무리한다는 방침이다. 법제처 관계자는 "비공개 대상 행정규칙을 비롯해 인사관리, 위원회운영 등 행정기관 내부 운영에 관한 행정규칙은 지나친 행정부담을 감안해 이번 일몰제 적용대상에서 제외키로 했다"고 설명했다.

5. 규제라는 것 또한 태양이 뜨고 지는 것처럼 일정한 기한 내에서 그 법적 역할을 다해야 하며 행정부변경이나 정책변경 등의 경우에 이전 규제는 전부 새로이 정비되어야 한다는 것을 의미한다.

6. 이러한 기본 법률 외에 Sunset Provision이라는 일몰조항(유효기한, 재검토기한)을 포함한 다수의 법률들을 지칭하는 것으로도 해석된다.

가지 행정규제에 대해 메스를 들이댄 것이다.

행정규칙 일몰제는 법령 외에 행정규칙(훈령, 예규, 지시 등)에 대한 실질적 규제개혁과 형식적 규제개혁을 지칭한다. 실질적 규제개혁은 그 내용에 있어 규제로 될 만한 내용을 점차 개선·폐지하는 것이고, 형식적 규제개혁은 규제의 존속기한(유효기간)과 재검토기한을 명시하여 수시로 규제의 개정필요성과 존속필요성을 검토하는 것을 의미한다.

2. 행정규칙 일몰제의 업무추진 경과

현재 이명박 정부가 2009년 상반기에 적극 추진하는 바는, 행정규칙에 대한 형식적 규제개혁의 전면시행이다. 물론 실질적 규제개혁에 대한 부분도 그 역량을 강화하고 있는 바다.

그 기본이 되는 법령으로서 제정된 대통령훈령인 '훈령·예규 등의 발령 및 관리에 관한 규정'(대통령 훈령 제248호, 2009. 4. 23.)의 제정이유는 다음과 같다.

"중앙 행정기관이 자체적으로 제정 운영하고 있는 훈령·예규 등 행정규칙은 발령기준이나 형식에 대한 체계적인 관리가 미흡하고, 행정환경이 바뀌어도 그대로 방치되어 현실에 맞지 않거나 불필요한 행정부담을 유발하는 등의 문제가 발생함에 따라, 훈령·예규 등을 일정한 원칙과 형식에 따라 발령하도록 하고, 주기적으로 존속 여부를 재검토하도록 함으로써 행정의 현실적합성과

합리성 및 투명성을 높이려는 것임."

이에 따라 중앙행정기관 모두는 각 기관의 훈령, 예규 등의 행정규칙[7]에 있어 존속기한을 설정하고 지속적인 관리를 다하여 국민불편을 최소화하고 행정운영의 효율화를 꾀할 수 있도록 노력해야 하는 것이다.

구체적인 내용을 검토하자면 다음과 같다.

가. 우선 이러한 행정규칙 일몰제는 그 적용범위로서 다음과 같은 내용이 있다.

| 중앙 행정 기관의 범위 | 법제처, 국가보훈처 각 처
기획재정부, 교육과학기술부, 외교통상부, 통일부, 법무부, 국방부, 행정안전부, 문화체육관광부, 농림수산식품부, 지식경제부, 보건복지가족부, 환경부, 노동부, 여성부, 국토해양부 각 부처
공정거래위원회, 금융위원회, 방송통신위원회, 국민권익위원회 각 위원회
국세청, 관세청, 조달청, 통계청, 검찰청, 병무청, 방위사업청, 경찰청, 소방방재청, 문화재청, 농촌진흥청, 산림청, 중소기업청, 특허청, 식품의약품안전청, 기상청, 해양경찰청, 행정중심복합도시건설청 각 청 | 다만, 감사원 및 국가정보원과 중앙행정기관에 소속된 지방행정관서는 제외 |

---

7. 신규 제정, 개정하는 것 외에 기존 훈령, 예규 등을 모두 포함한다.

훈령·예규 등의 범위	중앙행정기관이 발령하는 훈령·예규·고시·공고·지침과 그 밖에 계속적·반복적으로 적용될 것이 예정된 지시·통첩 등이 포함됨	다만, 단순한 사실을 알리는 고시·공고나 해당 사안에만 적용될 일일명령 또는 일회성 지시는 제외 또한 내부운영에 관한 훈령이나 비공개대상 훈령에 대해서는 원칙적으로 대상이 아니나 각 행정기관의 판단에 따라 일몰제 준용 가능

나. 행정규칙 일몰제의 기본원칙은 다음과 같다. 특히, 중앙행정기관의 장은 훈령·예규 등의 내용이 적법하고 현실에 맞게 유지될 수 있도록 소관 훈령·예규 등을 지속적으로 재검토하고 관리하여야 한다(훈령·예규 등의 발령 및 관리에 관한 규정 제2조 제3항).

필요성	훈령·예규 등은 법령(법률, 조약, 대통령령, 총리령 및 부령을 말한다. 이하 같다) 집행의 통일성 등을 확보하기 위하여 필요한 경우에만 발령할 것
적법성	법률에 근거 없이 국민의 권리의무에 관한 사항을 규정하거나 법령의 내용과 다른 사항 또는 다른 중앙행정기관의 소관업무에 관한 사항을 규정하지 아니할 것
적절성	행정기관이 쉽게 확보할 수 있는 서류를 국민에게 제출하게 하거나 현실에 맞지 아니한 사항을 규정하여 국민에게 불편을 주지 아니할 것
조화성	다른 훈령·예규 등과 조화와 균형이 유지되도록 하고, 중복·상충되는 내용이 없을 것
명확성	국민이 훈령·예규 등을 이해하기 쉽도록 누구나 알기 쉬운 용어와 표현 등을 사용하여야 하며, 재량권이 남용되지 아니하도록 구체적이고 명확하게 규정할 것

다. 방식에 있어서는 존속기한형과 재검토기한형이 있는데, 법제처의 권고안에 따르면 '본칙의 제일 마지막 부분'에 '제OO조 유효기간', '제 OO조 재검토기한'이라고 각 규정하도록 되어 있고 그 용례는 다음과 같다.[8]

제OO조(유효기간) 이 훈령/예규/고시/공고/지시는 '훈령·예규 등의 발령 및 관리에 관한 규정'(대통령훈령 제248호)에 따라 이 훈령/예규/고시/공고/지시를 발령한 후의 법령이나 현실 여건의 변화 등을 검토하여야 하는 OOOO년 OO월 OO일[9]까지 효력을 가진다.

제OO조(재검토기한) 이 훈령/예규/고시/공고/지시는 '훈령·예규 등의 발령 및 관리에 관한 규정'(대통령훈령 제248호)에 따라 이 훈령/예규/고시/공고/지시를 발령한 후의 법령이나 현실 여건의 변화 등을 검토하여 이 훈령/예규/고시/공고/지시의 폐지, 개정 등의 조치를 하여야 하는 기한은 OOOO년 OO월 OO일[10]까지로 함.

라. '훈령·예규 등의 발령 및 관리에 관한 규정'(대통령훈령 제248호) 은 부칙을 통해 기존 훈령 예규 등에 대해서도 적용하고 있으므로 행정 각 부처는 2009년 8월 24일까지 행정규칙 일몰제 조항을 삽입하여 폐지[11], 폐지 후 재발령, 개정 후 재발령 등의 조치를 취하여야 한다.

---

8. 이는 실제로 필자가 국방부의 훈령들에 대해 적용했던 그대로이다.
9. 통상 발령일로부터 3년이다. 대개 발령일이 시행일이므로 초일은 산입한다.
10. 통상 발령일로부터 3년이다. 대개 발령일이 시행일이므로 초일은 산입한다.
11. 필자도 실제로 불필요하게 존속되어 오던 국방부 훈령을 폐지한 바 있다.

결어—예상되는 성과와 앞으로의 과제

　이상이 이번 행정규칙 일몰제의 전면적용에 대한 개략적인 내용이다. 실제로 이러한 업무를 직접 진행하면서 느낀 소회는 '국민의 정부, 참여정부'를 거치며 행정 각 부처의 대국민지향적인 행정이 점차 자리를 잡아왔고 향후 이명박 정부('실용정부')를 통해 보다 가시적인 성과를 얻게 되리라는 것이었다.

　앞으로 행정규칙 재정비는 단지 시한을 설정할 뿐 구태의연한 행정규제를 존속하는 것이 아니라 '행정규칙 일몰제의 기본원칙'에 충실하게 실질적인 운용이 필요하다고 하겠다. 특히, 법치행정의 기본은 국민들이 대한민국의 규준을 알게 하는 바에 달려 있는데 비공개되는 훈령도 점차 줄이고 대폭적으로 행정규칙 공개의 가능성을 검토할 필요가 있다. 대외비 등을 제외한 부분에 대하여 국민들이 행정 각 부처의 행정업무 진행경과를 알 수 있도록 행정규칙에 대한 데이터베이스를 공개하여 공무원들이 더더욱 국민의 눈을 무서워하고 이를 통해 국민들의 불편을 줄여 가는 행정입법의 묘를 발휘할 필요가 있다.

　또한 실질적인 규제개혁의 시도가 필요한 시점이다. 시한설정만이 중요한 것이 아니라 점차 규제대상을 발굴하여 국민불편과 국가성장 저해의 요소를 점차 개선해 나가야 할 것이다. 이번 전면적인 개편작업으로 행정 각 부처의 공무원들은 주기적으로 행정규칙 개선의 제반 원칙

에 따라 개정하여야 할 의무를 부담하였다. 더 나아가 실질적인 규제개혁의 일환으로 행정규칙 일몰제가 자리 잡을 수 있도록 많은 공무원들의 견마지로가 절실할 것으로 사료한다.

자고로 선현들께서는 국민들이 법을 두려워하여 지키게 하는 것으로 그 할 바를 다한 것이 아니라 국민들이 법이 존재하는 것조차 모르도록 국민들을 그 법 안에서 거닐게 하는 것이 공직자의 소임이라고 말씀하신 바가 있다. 이번 행정규칙 일몰제 전면시행은 대한민국 선진행정의 시작에 불과하다. '국민에게 법을 지키라고 하기 전에 그 국민들이 법을 지킬 수 있도록 합리적인 규율을 마련하고 계도하는 것'이 행정부의 공무원들이 마땅히 해야 할 소임이라는 생각이다. 필자는 대한민국의 미래를 믿는다.

필자는 2009년 여름휴가를 반납하고 20여 일에 걸쳐 100여 건 이상의 훈령·예규를 행정규칙 일몰제에 따라 '폐지', '재검토기한 설정', '존속기한 설정' 등의 작업에 따라 재정비하였다. 행정규칙은 국민에게 법적 구속력을 가지지 아니한다는 것이 대법원 판례의 일관된 입장이나, 행정 각 부처에서 실질적 업무를 할 때에는 대단히 중요한 기준으로 작용한다. 행정부의 국가적 사업, 행정업무 일반 및 대국민업무 등이 모두 이러한 훈령, 예규에 기반을 둔다고 해도 과언이 아니다. 1998년 김대중 정부 이래로 계속되어 온 규제개혁은 이제 행정부 행정규칙의 '정기적 재정비'를 의무화하는 데 이르고 있다. 이번 행정규칙 일몰제의 본격적 시행은 국가의 번영에 이바지하고 국민에게 불편함이 없도록 하는 것이 큰 지향점이라 하겠다. 향후 실질적인 행정규칙 일몰제를 통해 미발굴된 행정규칙 규제를 점차 개선해 나갈 필요성이 있다.

이 글은 2009년 이후 현재까지 국방부 법무관리관실 행정사무관으로서 행정규칙 정비를 통한 규제개혁 업무를 실현한 업무성과에 대한 고찰이다. 미국의 Sunset Law(일몰제) 도입으로 대한민국의 행정규칙을 보다 시의적절한 규제로 활용한 후 조속히 폐기하여 불필요한 규제의 전거가 되지 않도록 시도한 바이다. 행정부처 중앙공무원으로서 변호사가 해야 할 일은 이 외에도 실로 다양하다.

유 변호사의 사법시험 합격기

고시의 길을 지나
법학의 길로

끝머리의 시작

2003년 12월 2일 오후, 상원서점 앞에 걸린 명단의 무수히 많은 이름 중에서 '11136533 유재원'이라는 문구만이 보였습니다. "지현아, 내 이름이 있어." 옆에 있던 친구를 소리쳐 부르고 난 후 즐거움의 환호보다는 안도의 한숨을 내쉬었습니다. 그리고 이제껏 저를 지켜봐 준 부모님과 지인들께 큰 선물을 해드리게 되었다는 만족감이 들었습니다.

저에게도 매번 월말이면 서점에 들러 합격기를 읽던 추억이 있습니다. 기억에 남는 글로는 역시나 '다시 태어난다 해도 이 길을'이라는 합격기와 '어머니 아직 촛불을 끌 때가 아닙니다'라는 글이었습니다. 그런 제가 합격기라는 글을 쓰게 될 줄을 몰랐는데 이렇게 막상 기회를 접하고 보니 영광스럽기도 하고 무슨 글을 써야 하는지에 대해 다소 외포심도 느끼게 됩니다. 하지만 제 나름대로 소신 있는 글을 적어 보려 합니다.

고시의 길을 접하고

1. 수험생활을 시작하며

저는 고교시절에도 사법시험에 대해서는 생각하지 못하였고 대학에 진학해서도 고시공부를 해야겠다고 특별히 마음을 먹지는 못하였습니다. 단지 고교 은사님과 부모님께서 "해 봐라, 하면 된다"라고 계속 권하시기에 아직 대학 재학 중임에도 불구하고 사법시험을 준비하게 되었습니다. 어머니께선 사주를 종종 참조하시는데, 제가 시험을 합격할 수 있는지 물어보려 유명한 역술인을 찾아갔다고 합니다. 그분 왈 "언젠가는 되겠지…… 열심히 하면 되겠지……"라고 했다고 합니다. 그 이야기를 처음 들었을 때 뭐 그런 시시한 대답이 다 있는가 싶었지만 제 어머니께서 이렇게 해석하시더군요. "언젠가에도 안 되는 사람이 있다. 그리고 열심히 해도 안 되는 사람이 있단다. 너는 참 복 받았구나……."

이후, 공부를 시작했습니다. 처음에 저는 고시와 법학은 전혀 별개라는 생각을 가지고 있었습니다. 헌법·민법·형법 기타 많은 법에 관한 학교 수업도 있었지만, 학교 수업을 불신하고 신림동의 수험노하우를 습득하여 고시에 합격해 보리라는 생각을 하였던 것입니다. 학교 수업은 소홀히 하면서 고시촌에서 지내며 학원 수업도 들어보고 강의테이프라는 것도 들어 보았습니다. 여름·겨울방학에도 고향에 내려가지 않고 신림동에서 하숙집을 전전하며 수험의 길을 모색했습니다. 교수님 교과서는 보지 않으려 했고 정리된 요약서와 학원 강의에 얼마 동안 빠져 지냈습니다. 학교 수업보다도 더 빨리 많은 것을 배운 느낌이 있었습니다. 그러나 그 모래성은 차차 무너지고 있었습니다. 흔히 남들이 말하는 슬럼프라는 것이 찾아왔고 좌절을 해야만 했습니다. 그리고 시험공부에 대한 회의감에 이것저것 다른 길을 걸어보려 했습니다. 이리저리 마음도 심란한 차에 프랑스로 여행을 가는 문학기행이 있기에 낯선 이국땅에서 10일을 지내다 돌아왔으나 마음은 여전히 동요 그 자체였습니다.

2. 다른 길을 걸어보며

다시 학교가 시작되고 막상 등록은 했으나 학교 수업은 더욱 소홀해졌습니다. 그러는 동안 도서관이나 연주회장이나 찾아다니고 클래식 음악에 발을 깊게 담근 적도 있습니다. 꼬박꼬박 책값이다 하숙비다 부모님께서 돈을 부쳐 주셨지만 음반·명화집 등에 써 버리고 있었습니다. 물론 독서실은 다니지 못했고 하숙집 방에 앉아서 예전에 사놓은 책을 넘겨다보는 공부를 계속하고 있었습니다.

이후 방학이 되어, 본격적으로 공부를 해볼 수 있겠다는 생각에 헌·민·형 과목의 교수님 문제집을 모두 구입하여 하루 50페이지씩 풀려고 시도했습니다. 그러나 기세는 잠시뿐이었으며 1학기의 생활이 그대로 반복되었고 오히려 나태함이 극에 달했습니다. 결국 김형배문제집을 40일간, 김일수문제집을 20일간, 허영문제집을 20일간 풀게 되었는데 실상은 수박 겉핥기였습니다. 하지만 지금 회상해 보면, 더운 여름날 땀범벅이 된 채 2리터 생수를 마셔 가며 문제집을 풀었던 일은 좋은 추억으로 남았고 그러한 '무식이 용감'이라는 행태는 저 자신에게 고시공부가 그리 어려운 일이 아니라는 생각이 들게 해 주는 좋은 계기가 되었다는 생각입니다.

가을이 되어 새 학기가 시작되었으나 학교생활은 역시 엉망이었고 여전히 잡기에 빠져 있기는 마찬가지였습니다. 이러한 정신상태에서 유명하다는 교수의 민법·형법 수업을 들어봐도 별로 소득을 얻지 못한 것은 당연지사였다는 생각입니다. 학교에 시간을 많이 뺏기는 것보다는 한 학기 쉬자는 생각에서 휴학을 결정하고 수험공부에 전념해 보겠다는 각오를 다졌습니다. 재학 중인 학생으로서 휴학을 하게 되면 물론 자기시간이 많이 생기는 것은 사실이지만 생활의 리듬을 다시 맞추어야 하는 부담이 있습니다. 저는 첫 휴학이라 그런 것을 잘 몰랐고 공부를 많이 할 수 있다는 기대감에 차 있었습니다.

9월에서 11월까지는 교수님 교과서를 천천히 일독하고 12월에는 기본 3법과 2가지 선택과목을 정리하여 1·2월에는 이러한 자료들을 복습해야겠다는 생각이 들었습니다. 하지만 이렇게 짜놓은 계획은 다소 지연되었고 1월까지 고시 5과목을 정리하기도 바빴습니다. 막상 2월이 되자 시험날은 다가오고 정작 암기 부족은 명약관화하여, 신림동에서 떠도는 20페이지 내외의 요약자료(최신판례·법령·중요조문)를 보기도 하고 고시계·고시연구의 모의고사 문제를 풀어 보기도 하는 것으로 만족할 수밖에 없었습니다. 다만 이때 풀었던 고시계·고시연구의 모의고사는 많은 도움이 되었다고 회상합니다.

당시에는 교수님께 의뢰한 문제가 많지 않았던 상황이기도 했고 사법시험에 가장 근접한 출제자가 내는 문제라는 신뢰감이 작용하기도 했습니다. 아직도 이러한 생각에는 변함이 없습니다. 아무튼 그해 1차 시험은 시험을 잘 못 보았다는 예감이 있었고 역시나 5월이 되자 명단에 제 이름은 없었습니다.

3. 본격적인 수험 궤도에 올라서서

방황의 2년을 거치면서부터 제가 달라졌습니다. 여전히 수험공부는 많이 준비되지 않았고 학교성적이 좋지 않더라도 '고시공부라는 것이 무엇인가'는 확실히 깨닫게 되었습니다. 목표의식도 뚜렷해지고 공부해야 한다는 사실에 더 이상 회의감을 품지 않게 되었습니다. 그해 5월부터는 학원의 종합반에 들어가 그 다음해 2월까지 수험준비를 해보겠다는 각오로 학원을 등록했습니다. 학원 수업과 독서실이 제공되는 체제였는데 공부 외에는 신경을 쓸 필요가 없는 시스템이 잘 갖추어졌다는 생각에서 나날이 공부의 내공을 키워 가고 있었습니다. 이제 어느 정도 공부의 감을 잡았다는 생각이 들었고 학원 강사의 수업은 들어보되 더 이상 강사들의 요약서는 거들떠보지 않았습니다. 법학에 대해서도 점차 흥미를 느껴 교수님들의 책과 논문집을 천천히 사 보게 되었습니다. 지금 회상해 봐도 이때처럼 매일매일 재미있게 공부를 해나갔던 기억은 없습니다. 가끔 공부가 되지 않을 때는 사람들끼리 돈을 모아 밤새 술을 먹는 자리를 마련하곤 했습니다.

제 정신상태가 많이 달라졌다고 해도 공부의 내공이 크게 늘었던 것은 아니었습니다. 2월까지 교수님 교과서와 교수님 문제집을 모두 정리하고 최근의 판례를 암기하여 부랴부랴 시험장에 가게 되었습니다. 이제 시험이 많이 익숙해졌다는 느낌을 받았으며 2001년 1차 시험 발표 때까지 저는 제가 합격한 줄 착각하고 있었습니다. 기대 이상의 점수가 나왔었기에 그러했던 것이죠. 하지만 그해는 90점 가까운 사상 최고의 커트라인을 기록하며 저는 또다시 낙방을 했습니다. 상원서점 앞에서 명단을 몇 번씩 확인하고도 없는 이름을 찾아 두리번거리다가 독서실로 돌아왔습니다. 매일 지나다니던 그 길은 그날따라 어찌나 멀던지……. 하지만 한편으로는 '내년에 반드시 될 것이다'라는 자신감이 들기도 했습니다.

2002년 봄에는 학교를 다니다가 다시 휴학을 했습니다. 법공부에 물이 든 탓인지 학교에 더 이상 적응하기가 힘들었기 때문이었습니다. 그러면서 2차 교과서를 하나하나 일독하는 시간을 마련했습니다. 처음에는 강사들 테이프도 들어 보았는데 하나같이 중독성을 가지고 있었으며 또 하나의 모래성을 쌓겠다는 생각이 들어 모두 처분해 버렸습니다. 2차 공부도 교수님 교과서와 교수님 케이스를 풀어 보면 되겠다는 막연한 생각이 들었고 그렇게 과목당 2권씩 보다가 여름을 보냈습니다. 지금에서도 드는 생각이지만 과목당 2권씩이면 2차 시험도 충분하다는 생각입니다.

가을이 되자 스터디를 조직해서 교수님 문제집을 모두 풀어 보았습니다. 점점 교수님 문제집을 기피하는 경향이 커져 가는 분위기 속에서 우직하게 5명이 모여 3권(허영·김형배·김일수)을 마무리했다고 생각됩니다. 다만 결국에는 학원 모의고사에도 손을 대는 방향으로 스터디를 바꾸려 했으나 제가 도저히 따라갈 수 없는 길이라는 생각이 들어 그만 포기하게 되고 스터디는 해체되었습니다. 12월에 스터디를 끝내자 공황 상태에 잠시 빠지기도 했으나 헌·민·형 판례를 정리해 보자는 생각에 두꺼운 교수님 판례집을 읽는 식으로 20여 일을 보냈습니다. 1월이 되자 최근 판례를 고시계·고시연구를 통해 정리했고 그곳에 게재된 교수님 문제도 풀어 보았습니다. 2월에는 딱히 할 것이 없어 교과서와 문제집을 정리하는 형태로 공부를 계속했고 3월 초에 1차 시험을 보게 되었습니다. 시험장은 이제 너무나 익숙해진 장소처럼 느껴졌고 편안히 시험을 치르고는 고향에 내려가 며칠을 쉬었습니다. 부모님께 인사도 드리고 고교 은사님도 찾아뵙는 일정을 마치고 서울에 올라와 보니 커트라인에 대한 논의가 분분한 와중이었습니다. 다만 위안이 들었던 것은 제 점수가 예상최고치보다 높다는 것이었고 합격을 조심스레 예상했습니다. 이제 막상 2차 시험을 여름에 본다는 생각이 들어 후사법 교과서를 모두 같은 것으로 새로 사서 다시 정리했습니다. 또한 사례집도 한 권씩 더 사서 풀어 보았습니다. 이윽고 5월이 되자 수험가는 술렁이게 되었고 1차 합격자명단이 발표되었습니다. '33308184 유재원'이라는 문구가 보였습니다. 아마도 제 인생에서 가장 기쁜 때이기도 했고 안도감이 들었습니다. 집에 돌아오면서 "그래 이제 새로운 시작이다"라고 몇 번씩 중얼거렸습니다.

6월에 2차 시험을 보게 되었는데 막상 많은 준비는 못 하였고 교과서와 사례집을 읽고 답안지를 두어 번 작성하는 식으로 경험을 쌓았을 뿐이었습니다. 물론 2차 시험 문제는 예상외의 문제가 나온다고 하지만 공부를 많이 하지 못한 저에게는 거의 모든 문제가 불의의 타격이었습니다. 하지만 맛있는 아침도 챙겨 먹었고 머리에 좋다는 드링크도 마셨으며 어머니는 밖에서 기다리고 계시는 정황을 참작하여 나름대로 최선을 다해 답안을 꽉꽉 채웠습니다. 이윽고 시험 4일째, 형사소송법 시험지에 마지막 마침표를 찍고 시험을 마쳤습니다. 시험을 마치고 한양대 언덕길을 내려오면서 접한 풍경을 아직 잊지 못합니다. 구름 한 점 없는 파란 하늘, 어디선가 풍겨오는 아카시아 향기 그리고 눈부신 햇살이 가득한 금요일 오후였습니다. 시험은 잘 못 보았지만 제게도 문득 드는 생각이 있었습니다. '내년에는 꼭 그 햇살이 나에게…….'

7월이 되어서는 학원 종합반에서 1순환을 거치고 11월 초에 마쳤습니다. 이미 공부방법에 대해서는 익히 알고 있었기에 이런저런 소문에 현혹되지 않고 고지식하게 교수님 교과서와 교수 사례집 1권씩으로 계속해 나갔습니다. 특히 헌법과 행정법에 기본서가 없다는 걱정을 많이 들었고 교수님 교과서를 내던지는 사람들이 주변에 많았지만 오로지 권영성,

김동희 교수님 책으로 정리하려 했고 다음 해 6월 시험장까지 가져가게 되었습니다. 그 외의 과목에서도 정찬형 교수님의 책과 이시윤, 이재상, 김형배 교수님 등의 교과서를 그대로 보았습니다. 지금 생각해 보건대 이러한 책으로도 사법시험은 너무나 충분하다는 생각입니다. 권영성 교수님의 책으로도 1차 헌법은 충분히 커트라인을 넘을 수 있으며 2차 시험에도 전혀 부족함이 없습니다. 그 책을 읽다 보면 권영성 교수님의 문장력이 탁월하다는 것을 느끼게 되면서 수험에도 빠진 것이 없도록 많은 배려를 하고 계신다는 생각이 들게 됩니다. 10년 이상씩 검증받은 교과서를 보는 것이 현명하며 군이 명검을 찾아 강호를 떠돌 필요는 없습니다. 그리고 기껏 찾은 명검도 조잡하고 천박한 요약서에 불과하여 곧 싫증이 나리라는 생각입니다.

어느덧 11월이 되었고 2순환이 시작되었습니다. 아마도 그때부터가 본게임이라고 생각합니다. 2일에 한 번씩 답안을 써보고 강사들의 강평도 들어 보는 좋은 시간이 되었다고 회상합니다. 2순환 과정은 2월까지인데 그 기간은 많은 사람에게 무척 고통스럽기도 합니다. 저 또한 학교를 계속 다니며 2순환 과정을 쫓아가려다 보니 자주 위기를 겪기도 했지만 40회 가까운 시험을 한 번도 거르지 않고 모두 치르는 '무식이 용감'을 보여 주었습니다. 그런 와중에 최고답안도 몇 번 해 보기도 하고 버금답안도 몇 번 해 보는 영광도 얻게 되었습니다. 2순환 중에 2차 시험 발표가 있었고 제 이름은 없었습니다. 물론 실망했습니다. 하지만

점수를 확인해 보고는 안도했습니다. '내년에는 되겠구나……'

2003년 3월이 되자 다시 학교를 다니게 되었고 2차 수험 준비도 바빠졌습니다. 3순환·4순환이라는 모의고사 일정이 계속되었고 저는 모든 시험을 치렀습니다. 밤10시 30분부터 시작되는 시험이었고 시험 이후에는 30분의 강평이 있어 1시 가까이 되어서야 귀가하는 날도 많았습니다. 물론 뜨거워진 머리인지라 잠은 쉽게 오지 않았고 논어·맹자 등을 읽으며 잠을 청하는 날도 많았습니다. 지금 회상하건대 수험생활 중 가장 재미있었던 점은 밤늦도록 이것저것 잡다하게 책을 읽었다는 것입니다. 어차피 내일 일찍 일어나야 한다는 부담도 없었기에 머리를 식히면서 지적 호기심을 돋울 만한 어려운 책을 주로 읽었습니다.

5월 내내 매일 시험 보는 일정을 치렀고 6월초까지 계속되었습니다. 6월이 되자 정리에 바빠졌습니다. 물론 제 손에는 과목당 교과서와 사례집 이렇게 2권씩이 들려져 있었고 다른 요약서는 전혀 손을 대지 않았습니다. 그러고는 6월 22일부터 4일간의 시험일정에 돌입했습니다. 물론 2002년에도 그러했지만 시험일정 기간에는 마을버스와 지하철을 타고 다녔으며 콩나물국 아침과 김밥 점심을 들었습니다. 그 4일간 어머니는 계속 저와 같이 하셨으며 지하철을 타고 그리고 10여 분씩 걸어서 연세대학교의 언덕에 자리한 시험장을 들르셨습니다. 지금도 회상해 보면 어머니의 그런 동반이 너무나도 큰 힘이 되었다는 생각입니다. 사실 시험을 보는 일은 이미 100여 번 넘게 연습한 탓인지 그다지 저에게 부담스

럽지 않았으나 어머니는 제가 힘들다고 걱정을 자주 해 주셨습니다. 논어에도 부모는 자식의 몸을 언제나 걱정하기 마련이라고 했는데 부모님의 은혜를 새삼스럽게 느끼게 되었습니다.

이렇게 해서 저의 수험생활은 일견 모두 끝나게 되었습니다. 길다면 긴 나날들이었고 짧다면 짧은 시간들이었습니다. 모든 분들께 합격의 영광을 돌립니다.

법학의 길에 들어서서

1. 고시와 법학은 별개인가

공부방법론에 관해서는 이 글을 읽고 계시는 분들이 더 잘 아신다는 생각이 듭니다. 여러분도 자신에게 맞는 공부 방법을 어느 순간에는 깨닫게 될 것이며 그 방법대로 공부하시기 바랍니다. 다만 저는 제 공부방법을 소개함으로써 약간의 도움을 드릴 뿐이라는 생각입니다.

흔히 고시와 법학은 별개라는 생각을 합니다. 학교강의는 고시에 도움이 안 되고 교수님 교과서는 봐도 별 내용이 없다는 생각이 팽배해 있습니다. 이러한 풍조가 만연한 나머지, 엉뚱한 사람들만 이익을 챙기는 것이 고시촌 현실이라고 생각합니다. 그러나 제가 생각하건대 고시와 법학은 별개가 아닙니다. 요즘 최연소 합격하는 분들이 강조하듯 학교수업은 꽤나 유익하다고도 할 수 있고 저의 예에서 보는 대로 교수님 교과서는 실로 굉장한 중요성을 가집니다. 학교수업을 통해 유명한 교수님들의 생각을 구두로써 상세히 들어 보고 교수님 저작을 통해 법률문장에 한층 익숙해지는 이점이 있다고 하겠습니다. 이에 반해 학원 등의 사설 강의는 요약과 암기에 지나치게 치중해 있으며 강사나 변호사들의 요약서는 문장이 치졸하다거나 논리가 서로 일관하지 못하는 약점이 있습니다. 1차 시험은 20% 이상이 예상외이고 2차 시험은 거의 많은 문제가 예상외입니다. 이런 예상외의 문장들은 요약서에는 절대 중요하게 소개되지 않는 것들이지요. 이렇게 본다면 고시와 법학은 따로 이루어질 수 없다는 것이 제 생각입니다. 물론 앞서 언급한 대로 저도 처음에는 학교수업과 교수님 저작에 대해 불신하면서 강사나 변호사들에게 많은 공감을 했으나, 점점 다른 사람들만 따라가서는 죽도 밥도 안 되겠다는 생각이 문득 들게 되어 과감히 공부방법의 전환을 했으며 지금에서도 후회를 전혀 하지 않습니다.

2. 법학의 길을 시작해 보며

'고시와 법학은 별개가 아니다. 법공부를 계속하다보면 그 속에 합격도 있으려니……'라는 모토 하에 공부를 해 보려 한 것이 2000년 봄입니다. 서점에서 요약서를 사 들고 문득 길을 가다가 그런 생각이 들었습니다. '내가 과연 이 책을 3년 후에도 다시 펴 볼 것인가.' 물론 대답은 부정적이었습니다. 그때부터인지 모르겠지만 점차 저는 법학의 기본서를 자주 구입하게 되었고 요약서·강의테이프는 점점 멀리했습니다. 고시와 관련된 법학서적은 과목당 몇 권씩 사 모으게 되었으며 그 외에도 법철학·영미법·법제사·로마법 등도 틈나는 대로 읽어보았습니다. 어느덧 이렇게 모은 책이 수백 권을 헤아리게 되었고 수험준비를 하면서도 전혀 해가 되지 않았고 오히려 많은 도움을 받았다고 고백합니다. 특히 사적자치와 개인의 의사존중을 모토로 일이관지하시는 이영준 교수님의 민법총칙과 물권법은 큰 감동을 준 책으로 기억하고 있고 배종대 교수님의 형법총론, 신동운 교수님의 판례백선, 정동윤 교수님의 어음·수표법 그리고 김성수 교수님의 일반행정법, 김준호 교수님의 민법판례연습 등도 많은 도움이 되었다는 사실을 밝힙니다. 그리고 이재상 교수님의 사례집과 성낙인 교수님의 사례집도 잘 짜여진 좋은 책으로서 제가 지루해 하지 않고 재미있게 접해 본 책이었다는 생각입니다.

저 또한 법공부를 해 보겠다는 생각을 하면서 다소의 의혹이 없었던 것은 아닙니다. 이러다 시험과는 전혀 관련 없는 공부를 계속하는 것이 아닌가라는 의심을 해 보았습니다. 하지만 곧 의구심을 떨쳐 버리게 된 것은 2차 시험을 본격적으로 준비하면서부터입니다. 다른 분들이 교과서 선정으로 고민하고 답안지 작성에 다소 부담을 느끼고 있을 무렵 저는 그런 걱정을 전혀 하지 않았던 것입니다. 교과서는 이미 손에 잡혀 있었고 이제껏 교수님들의 저작을 통해 익힌 법률문장을 쓰는 일이 그다지 어렵지 않았다고 고백합니다.

3. 여전히 계속 걸어가야 할 길

이렇게 수험생활과 법학공부를 병진하려 하다 보니 완벽한 수험대비에는 다소 부족하게 되었다는 생각도 들기는 하지만 제 마음에 만족감을 주는 방법을 택해서 결국 좋은 결과 또한 이루어 냈다는 생각으로 위안을 삼습니다. 앞으로 제가 익혀야 할 공부는 법학외적인 실무적인 일도 많이 있으리라는 생각입니다. 이런 연고로 고시공부도 실무 위주로 바뀌어야 한다는 주장이 제기되고 있지만 아직 이렇게 되리라는 예상은 하지 않습니다. 법학의 기본이 깔리지 않고 실무기법만을 배워서야 어찌 법률전문가가 되겠습니까. 여러분들도 법학을 꼭 앞으로 하지 않으시더라도 법학공부는 충실히 하셨으면 합니다. 당장의 고득점에 연연하시는 것보다는 앞으로의 먼 장래에 멋진 법률가로 거듭나는 계기를 이 수험생활에서 마련하셨으면 하는 바람입니다. 저 또한 앞으로 걸어가야 할 법공부의 길이 멀다고 생각되는 바, 얼마나 많은 시간이 흘러야 경지에 이르게 되려는지 모르겠지만 우주에서 가장 훌륭한 책인 논어의 첫 구절 '학이시습지 불역열호學而時習之 不亦說乎'를 그때마다 책상에 써 붙이면서 묵묵히 걸어 가렵니다.

이제 수험생활을 위한 조언을 드리고자 합니다. 우선 '리걸마인드Legal

Mind는 없다'는 것입니다. 흔히 리걸마인드라고 하여 헛기침하는 선배들이 후배들을 기죽이기도 하고 학원 강사분들이 일장 연설을 하십니다. 법학에 맞는 사고방식을 가져야 한다는 둥 생래적 법조인이 따로 있다는 둥 이런저런 얘기들을 많이 논합니다. 하지만 여러 해 전 수석합격생이 말한 듯 '리걸마인드는 없습니다'. 단지 법학의 대가 한 분이 법학도의 공부방법을 설명하신 기억은 있습니다. 그러한 말씀이 리걸마인드라는 것을 지적하신 것인지 아니면 단지 공부를 열심히 하라는 의미인지 아직도 모호하게 기억하고 있습니다. 그리고 '고시법학은 따로 없다'는 것입니다. 신림동에 있다 보면 학교와 멀어지게 되고 많은 사람들의 얘기에 휩쓸리게 됩니다. 고시생에 맞는 법학을 가르쳐 주는 학원이라는 둥 수험적합교재라는 둥으로 사람들을 몰아가고 있지만 역시나 고시법학이라는 것은 따로 존재하지 않으며 기존의 법학토대 위에서 존재한다는 생각입니다.

'삼 년 묵은 쑥 십 년 찾지 말라'는 말씀도 드리고 싶습니다. 시험에 합격하려면 잘 묵은 3년이라는 기간이 필요하다고 듣게 됩니다. 이러한 3년의 산고 끝에 옥동자가 탄생하는지도 모르지요. 시험을 처음 준비하시는 분들이나 수험생활이 오래되신 분들이나 하나같이 귀가 얇다는 공통점이 있습니다. 내년에는 합격하고 싶고 남들보다 공부를 잘해 보고 싶은 욕심이 지나쳐 좋은 강사, 좋은 교재, 좋은 테이프를 찾아다니느라 시간을 많이 소모합니다. 삼 년 묵은 쑥이 있다고 이리저리 찾아

다니다 보면 어느덧 시간이 훌쩍 지나 3년을 넘기는 것을 알지 못하기도 합니다. 지금부터 주변에 흔하고 일견 좋지 않아 보이는 쑥이라도 그것을 모아 스스로 삼 년을 묵혀 보세요. 그러면 딱 3년만 걸립니다.

그 외에 하나 더 말씀드리겠습니다. 흔히 사법시험 공부를 3고라고 합니다. 우선 우리나라 최고시험(高)이자, 괴로운 준비를 해야 하는 시험(苦)이며, 또한 외로움이 수반되는 시험(孤)입니다. 우선 대단한 시험이라는 생각에 다소 기가 죽게 되고 그런 와중을 거치면서 남의 얘기에 이리저리 휘둘립니다. 그리고 수험생활은 몸과 마음을 다소 상하게 할 수 있는 고통스러운 기간이기도 합니다. 또한 젊은 남녀이면서도 공부의 부담을 받게 마련인지라 자유로이 연애는 못하게 되고 외로움을 경험하게 됩니다. 저 또한 이러한 3고를 조금이나마 경험한지라 이러한 수험생활을 어떻게 하면 윤택하게 보낼 수 있는지 고민한 적이 많았습니다. 4~5년의 수험기간 동안 나름의 노하우를 발견하여 긴장감을 줄이고 마음의 여유를 찾는 일이 좋다는 생각입니다. 우선 공부는 많이 하지 않는 것이 좋으며 효율적인 공부를 하는 것이 바람직합니다. 물론 저는 학교를 다니느라 시간을 많이 뺏기기도 했지만 하루에 7시간 이상을 공부해 본 적이 없습니다. 가끔 생기는 슬럼프는 그때그때 푸는 것이 바람직합니다. 이외에도 수험생활에는 많은 노하우가 쌓여 있습니다. 가끔 친구들과 만나서 그런 방법들을 배워 가며 여러분의 수험생활을 윤택하게 하시길 바랍니다.

시작의 끝머리

"비록 시작은 미약했으나 그 끝은 창대하리라." 존경하는 테레사 수녀님은 이 성경말씀을 참 좋아하셨다고 합니다. 낯선 이국땅에서 고아·빈민 구호를 시작했을 때는 많은 사람들이 눈여겨보지 않았지만, 수십 년간 꾸준히 활동을 계속하시는 수녀님의 모습에 누구나 감동을 했고 그녀는 마침내 세상을 품는 창대한 바다가 되었습니다. 그녀는 가문이 훌륭하다거나 부유하지도 못했고 수녀로서 엘리트 코스를 밟은 것도 아니었습니다. 하지만 남들을 압도하는 특유의 성실함으로 전 세계인의 존경을 받았습니다.

법학공부는 천재를 요하는 것이라기보다는 우직한 학생이기를 요한다는 취지의 곽윤직 교수님의 말씀처럼, 저 또한 앞으로 법조인으로서 성실한 삶을 살아볼 생각입니다. 여러분도 성실함을 캐릭터 삼아 원하시는 모든 꿈을 이루셨으면 하는 기원을 드립니다.

그리고 이러한 자리를 마련해 주셨으며 늘 인자하게 말씀을 건네시는 성낙인 교수님께 감사를 드리고, 학계·실무계의 존경을 받고 계시고 늘 장년의 모습으로 유익한 말씀들을 들려주시는 이영준 교수님께도 감사를 드립니다. 그리고 저의 부모님과 누나, 동생 분께도 감사하며 고교 은사님이자 수양부모 역할을 해 주시느라 애쓰시는 백찬현 선생님 내외분 그리고 친우 김지현 군께도 깊은 감사를 드립니다. 마지막으로 40년 가까이 학계와 수험가에 다리를 놓으시려 많은 노력을 기울이시는 월간 『고시계』 여러분께도 감사하다는 말씀을 남깁니다. 또한, 항상 헌법·행정법·조세법 등 다방면에 많은 관심을 보이시고 대화와 토론에 바탕한 '열린' 공법학을 모색하시는 김성수 교수님, 괴테와 카프카에 대한 진지하고도 애정 어린 관심을 보여주시는 전영애 교수님, 음악평론계의 대부이시며 진솔한 문체로 평이하면서도 깊이 있는 감상문 쓰기의 모범을 보여 주신 안동림 교수님, 음악에 대한 사랑을 보여 주시고 음악평론에 대한 이해의 폭을 넓혀 주신 양금희 교수님께도 감사를 전합니다.

유재원(柳在遠)

| 약력

서울대학교 인문대 국사학과 졸업
서울대학교 법과대학 법학부 졸업
서울대학교 행정대학원 재학
제45회 사법시험 합격(2003년)
사법연수원 수료(2006년, 제35기)
서울고등검찰청, 대한법률구조공단 공익법무관
변호사(現)·변리사(現)·세무사(現)
국방부 법무관리관실 규제개혁법제담당 행정사무관
국회사무처 법제실 법제관(現)
월간 『고시계』 '법학도의 문화칼럼' 고정 필자(現)
대한변호사협회 멘토·멘티 운영위원회 '멘토' 참여(現)

| 저서

『법학도의 문화칼럼』(2009)
『인문학 두드림 콘서트』(2010)

리걸마인드 로스쿨생을 위한

초판인쇄 | 2010년 7월 30일
초판발행 | 2010년 7월 30일

지은이 | 유재원
펴낸이 | 채종준
펴낸곳 | 한국학술정보㈜
주 소 | 경기도 파주시 교하읍 문발리 파주출판문화정보산업단지 513-5
전 화 | (031) 908-3181(대표)
팩 스 | (031) 908-3189
홈페이지 | http://ebook.kstudy.com
E-mail | 출판사업부 publish@kstudy.com
등 록 | 제일산-115호(2000.6.19)

ISBN 978-89-268-1255-6 03360 (Paper Book)
        978-89-268-1256-3 08360 (e-Book)

이담 Books 는
한국학술정보(주)의 지식실용서 브랜드입니다.